허영만의

3천만원 ③

매수는 기술, 매도는 예술

허영만의 3천만원 ③
매수는 기술, 매도는 예술

초판 1쇄 발행 2018년 6월 25일
초판 10쇄 발행 2024년 7월 15일

지은이 허영만

펴낸이 신민식
펴낸곳 가디언
출판등록 제2010-000113호

주 소 서울시 마포구 토정로 222 한국출판콘텐츠센터 419호
전 화 02-332-4103
팩 스 02-332-4111
이메일 gadian7@naver.com

인쇄 · 제본 ㈜상지사P&B
종이 월드페이퍼㈜

ISBN 979-11-89159-04-7 (14320)
978-89-94909-06-6 (세트)

이 도서의 국립중앙도서관 출판예정도서목록(CIP)은 서지정보유통지원시스템 홈페이지 (http://seoji.nl.go.kr)와 국가자료공동목록시스템(http://www.nl.go.kr/kolisnet)에서 이용하실 수 있습니다.(CIP제어번호: CIP 20180017254)

허영만의 3천만원 ③

매수는 기술, 매도는 예술

글·그림 허영만

가디언

⟨일러두기⟩

1. 이 만화의 주식투자는 현재 상황이 아니라 만화 연재 시점을 기준으로 2주 전의 실제 투자 상황을 바탕으로 제작되었습니다.

2. 이 만화는 투자 자문단의 주식투자 방법과 투자 철학을 만화를 통해 보여주는 것이며, 주식 시장의 변동성 및 자문단 각자의 전문 지식을 독자 여러분에게 전달하는 것이기 때문에 만화에서 제공되는 투자 정보·의견은 추천이나 권고의 의미가 아니며 참고자료일 뿐입니다. 따라서 어떠한 경우에도 독자의 투자 결과와 그 법적 책임 소재에 대한 증빙자료로 사용될 수 없습니다.

3. 이 만화의 자문단은 웹툰 배포 시점에 추천종목을 이미 보유하고 있거나, 추가 매수 또는 배포 시점 이후에 매도할 수 있습니다.

주식투자를 시작하며

건강한 몸은 복리 이자를 주는 은행보다 낫다.
뛰는 놈 위에 나는 놈 있고, 나는 놈 위에 즐기는 놈 있다.
살아 있는 동안 빼앗기지 않을 것은 지식뿐이다.
청춘은 나이가 아니다. 도전을 멈추는 순간 늙은이가 된다.
재산이 많으면 근심이 늘지만 재산이 없으면 고통이 늘어난다.
우물쭈물하다간 주식도 못 해보고 인생 마감할 수 있다.
파이팅!

허영만

| 차례 |

1장

실패에서 배워라

31
두려움을 사라

⟨주의사항⟩

1. 이 만화의 주식투자는 현재 상황이 아니라 연재 시점을 기준으로
   2주 전의 실제 투자 상황을 바탕으로 제작되었습니다.

2. 이 만화는 투자 자문단의 주식투자 방법과 투자 철학을 만화를
   통해 보여주는 것이며 주식시장의 변동성 및 자문단 각자의 전문
   적 지식을 독자 여러분에게 전달하는 것이기 때문에 만화에서 제
   공되는 투자 정보·의견은 추천이나 권고의 의미가 아니며 참고
   자료일 뿐입니다. 따라서 어떠한 경우에도 독자의 투자 결과와 그
   법적 책임 소재에 대한 증빙자료로 사용될 수 없습니다.

3. 이 만화의 자문단은 웹툰 배포 시점에 추천종목을 이미 보유하고
   있거나, 추가 매수 또는 배포 시점 이후에 매도할 수 있습니다.

3 천만원

때가 올 때까지 기다려라

인내심을 가지고 때가 오기를
1년 이상 기다리면 손해 보는 일 절대 없다.

절대 손해 보지
않는다고?
정말 그럴까?

이보다 더 좋은
목은 없다!

종목을 고르기 전에 충분히 공부하고
확신이 섰으면 매수하되
상황 변화를 놓치지 말아야 한다.

엉터리 종목 매수해놓고 세월 보내다간
빈 깡통만 만날 뿐이다.

종목 매매 들어갑니다.
2월 5일(월) ~ 2월 9일(금)

2월 5일(월)

 이성호

엠케이전자

11,250원 전량 매도.

엠케이전자
11,250원 X 244주 = 2,745,000원
매도 완료.

손실 244,000원

사조대림

전량 시장가 매도.

사조대림
24,850원 X 138주 = 3,429,300원
매도 완료.

손실 118,350원

 IHQ

2,690원 600만원 매수 주문.

정정.

2,660원 매수 주문.

IHQ
2,660원 X 2,230주 = 5,931,800원
매수 완료.

하웅

매매 자제 !!

아얏!

2월 6일(화)

VIP자문
최준철

SK

294,000원에 2주 매수.

자회사 SK이노베이션, SK텔레콤,
SK E&S의 안정적인 사업을 기반으로
IT서비스, 반도체, 바이오 등 성장사업으로
영역을 확장하는 스마트한 지주회사.

SK
294,000원 X 2주 = 588,000원
매수 완료.

참고로 보유종목 중 메리츠금융지주가
어제 배당금 520원을 발표했습니다.
작년 300원 대비 73% 늘어난 수준입니다.
메리츠금융그룹의 주주 친화적인 태도를
보여주는 사례인데 아주 칭찬합니다.

하웅

…

앗! 매매 자제한다면서
하루를 못 참고
등장하셨군요!

그게 아니라.

2차 대폭락!

3차 폭락 나오기 전까지 매매 자제.

한 번 더 투매 나오면 저가 매수하겠음.

이런 장에서는 가만히 있는 것도 돈 버는 것임.

수익을 내는 것도 중요하지만
수익을 지키는 것도 중요하죠.

2월 7일(수)

2월 8일(목)

**VIP자문
최준철**

최근 시장이 급락세를 보였음에도
편입 종목인 제주항공이
강세를 보이고 있습니다.

기본적으로 2017년 4분기 실적이
아주 좋았고, 여러 지표 면에서
강한 출국 여행 수요의 수혜를
받고 있음이 입증되고 있습니다.

한마디로 환경도 좋고 사업도 잘합니다.

계속 홀딩합니다.

제주항공
계속 홀딩. 감사합니다.

이성호

IHQ
전량 2,450원 매도.

IHQ
2,450원 X 2,230주 = 5,463,500원
매도 완료.

손실 468,300원

2월 9일(금)

 하웅

3차 대폭락 !!

말씀드린 바와 같이 단기 조정이 아닌
상승 추세 이탈입니다.

투매가 지나간 후 단기 저가 매수하겠음!

아…
무섭네요.

이성호

대봉엘에스

12,050원 풀 매수.

12,050원 X 467주
매수 주문 완료.

대봉엘에스 취소.

너무 낮게 걸었나 봐요.

취소 완료.

엘컴텍

2,520원 풀 매수.

2,520원 X 2,237주
매수 주문 완료.

취소해주세요.
오르기 시작했어요.

취소 완료.

단기 투자를 해볼까 하는데
저가 주문, 가격 타이밍을
잘 못 맞추네요.

아마도 한동안 초단타를 하게 될 것 같아요.

제 거래를 하면서 하니까 많이는 못 해도
장이 불안할수록 초단타 투자가 수익률이
무지 좋거든요.

이성호 씨만 믿어요.
요 며칠은 하웅 씨가
동면 중. ㅎㅎ

삼성제약

5,110원 풀 매수 주문.

5,110원 X 1,103주
매수 주문 완료.

매수 취소.

취소 완료.

하웅 씨는 폭락의 조짐 때문에 매매를 쉬고 있고
이성호 씨는 종목을 제대로 찾지 못하고 있는 듯하다.
다음주에 어떤 변화가 올지…

〈3천만원〉 만화를 시작한 지 7개월이 되어갑니다.
그동안 애써주셨던 우담선생과 김태석 씨가
개인 사정으로 자문 역할을 중단하게 되었습니다.

따라서 어깨너머로 주식시장을 봐왔던 허영만이
3월부터 직접 투자 전선에 합류합니다.
웃통 벗고 호랑이한테 달려드는 기분입니다.

대박이냐 쪽박이냐 놓고 보면
100% 쪽박 쪽일 겁니다만
독자들의 흥미를 만족시킬 수 있는
카드임에 분명합니다.

타짜가 아닌 초짜가 살아남는 방법은 무엇일까요?
이 방법으로 생활비를 벌어야 한다는
절박함을 가진다면
좀 더 긴장하지 않을까요?
그동안 독자들에게 "공부하라"라고
귀에 딱지가 앉을 정도로 떠들어댔는데
이제는 제 차례가 되었습니다.

마누라가 주식 절대 하지 말라 했는데
우려가 현실이 되었습니다.
바이오주로 갈까, IT주로 갈까, 계절주로 갈까
6월이 선거니까 선거 수혜주로 갈까
오만 생각이 겹칩니다.

어쨌든 주사위는 던져졌습니다.
여러분, 허 초짜의 행보를 지켜봐주세요.
결과가 어떻게 나올지 저도 궁금합니다.
파이팅!

허영만.

32
떨어지는 칼날을 잡지 마라

유명한 격언이다.

주식은 주가가 올랐을 때 팔고
주가가 내렸을 때 사는 게임이다.

주가가 움직이지 않는
주식에는 관심이 없다.

평소 관심을 갖고 있던 주식이 어떤 충격을 받아서
급락하기 시작하면 매수 충동이 일어난다.

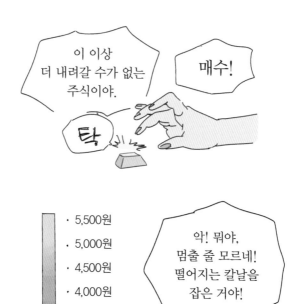

이런 투자가들은 그 종목에 대해
잘 알고 있다고 생각하는 사람들이다.

주가의 상승과 하락을 수학 공식처럼
풀어낼 수 있다면 주식투자는 게임이 아니다.
예측할 수 없기 때문에 게임인 것이다.

매수 이후 주가가 계속 하락할 기미가 보이면
곧바로 손절매해야 큰 피해를 피할 수 있다.

에익!
충치는 뽑아버리자!

잘 치료하면
괜찮을거야.

그러나 곧바로 손절매하는 투자자는 많지 않다.

어떤 경우 주가가 계속 떨어지면
'물타기'를 하는데 이건 자살행위이다.
예상대로 떨어지기를 멈추고 상승하면
수익을 낼 수 있으나 그렇지 않으면
비참한 결과가 기다린다.

5천원짜리 물타기
100주 물타기

만원짜리
100주

우편가는 7500원으로
다운
총 200주

3000원
짜리
100주
물타기

우편가는
6000원
총 300주

우편가는 낮아졌으나
주가는 오르지 않고
특자금 상환에 압박을
받는대로 진퇴양난이다
"조금 손해 봤을때
팔아버릴걸"
후회해 봤자
이미
늦었다.

월가의 전문가들은
이것을 '재정적 자살행위'라고 말한다.

주가는 한번 크게 떨어지면 투매 현상이 일어나서
계속 떨어질 수 있다는 걸 잊지 말자.

떨어지는 칼날을 잡으면 깊은 상처를 입는다.

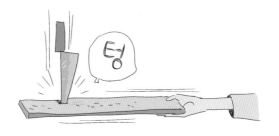

떨어질 만큼 떨어지면 더 이상 떨어질 리 없다

씨앗이 발아되고
커지면 20배의
수익이 난다.

느긋하게
기다리는 거야.
싹이 나지 않아서
손해 본다고 해도 그깟
씨앗 값이야 뭐…

싹이 하나도
나지 않았다?
뭐, 뭐가 잘못된 거지?

개인 투자가가 바닥 시세로
주식을 잡기란 하늘의 별 따기이다.

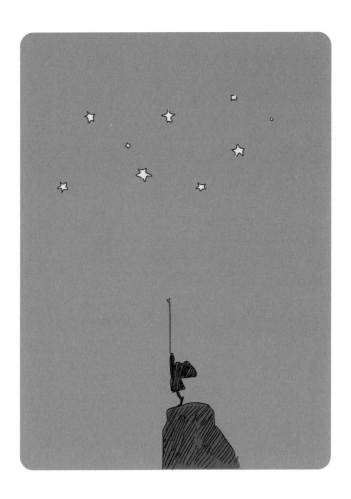

"언젠가는 회복되겠지"
라는 생각은 어리석다.

월가의 전설적인 투자자
피터 린치는 말했다.

떨어질 만큼
떨어지면 더 이상
떨어질 게 없다고?

주의하라.
하락의 골 깊이는
누구도
알지 못한다.

"이런 심리로는 절대 수익을 낼 수 없다.
가장 어리석은 주식투자에 대한
나의 첫 번째 경고가 이것이다."

종목 매매 들어갑니다.
2월 12일(월) ~ 2월 14일(수)

2월 12일(월)

············

············

아~ 모두들 잠수함 타셨는지
매매를 안 하시네~

2월 13일(화)

 하웅

 ...

엇! 하웅 씨!

2월 5일
매매 자제 선언 후
8일 만에 등장.

매매가 뜸해서 죄송.

저점 확인이 안 돼서
매수 타이밍 맞추기
어려움 있음.

매매가 아니었네요.

칼이 잘 안 뽑혀요.

우리는 무사가 칼을 뽑을 때까지
기다립니다.

더블 스코어가
코앞에 멈춰 있어서
아쉽습니다.

2월 14일(수)

....

설까지 끼어서 3일만 장이
열리는데 역시 매매가 없다.
유빙에 갇혀 있는 쇄빙선처럼
오도 가도 못 하고 있다.

33
막연한 예측은 빗나가는 화살과 같다

사슴이 지나간다.
30분 전부터 저 속도로 이동 중이니까…

이쯤이다!

빗나간 화살만큼 어설픈 예측은 금물이다.
주식시장은 상승 랠리가 계속되는데도
더 이상 오를 수 없다는 예측으로 팔아버려서
수익을 제대로 올리지 못하는 경우가 많다.

혼자만의 감각에 의존하는 것보다
증시 주변 여건을 검토하고 확인하라.

매는 맞기 전이 가장 두렵다

이 격언은 불확실성이 최고조인 상태에서의
불안한 투자심리를 말한다.

맞을 때 고통은 느낄망정
매에 대한 두려움은 약해진다.

종목 매매 들어갑니다.
2월 19일(월) ~ 2월 23일(금)

2월 19일(월)

하웅

셀트리온헬스케어

40주 매수.

124,900원 X 40주 = 4,996,000원
매수 완료.

2월 20일(화)

하웅

셀트리온헬스케어

20주 매도. 08:57

128,200원 X 20주 = 2,564,000원
매도 완료.

수익 66,000원

나머지 매도. 09:03

128,400원 X 20주 = 2,568,000원
매도 완료.

수익 70,000원

삼성바이오로직스 13:40

13주 매수.

429,000원 X 13주 = 5,577,000원
매수 완료.

하웅 씨, 이젠 다우지수의
영향을 받지 않나요?

어제 미국 증시는 휴장이었음.
오늘 밤이 중요. 급락만 없으면
내일 좋은 장 기대됨.

미국 증시 며칠 전 급락 후
단기 반등 나와서, 추가 폭락 없으면
우량주 선취매 좋아 보임.

2월 22일(목)

하웅

삼성바이오로직스

3주 추가 매수.

442,000원 X 3주 = 1,326,000원
매수 완료.

총 16주 보유.

남은 매수 가능 금액이?

3,837,810원

텍셀네트컴

31,500원
남은 금액 모두 매수.

31,500원 X 121주 = 3,811,500원
매수 완료.

2월 23일(금)

VIP자문
최준철

광주은행

보유 물량 절반 매도.

옙!

12,450원 X 42주 = 522,900원
매도 완료.

수익 18,900원

5개월 반 만에 이런 수익이면
종목을 잘못 골랐죠?

광주은행은 여러 가지로 괜찮고
주가도 낮은데
왜 꿈쩍도 안 하는지 모르겠어요.

여전히 싼데 올해 성장률이 작년만
하지 못할 거란 우려가 있습니다.
흔한 표현으로 모멘텀이 부족한 거죠.

내가 일단 모의투자를 시작했습니다.
돈을 넣지 않고 종목을 찍어서
뒤를 살피는 것요. 평가 부탁해요.

모나미
(신학기라서 문구가 잘 팔린다는…)

태양
(날 풀리면 야외활동이
활발해지면서 가스 소비가…)

마니커
(6월 월드컵 때
치맥 열풍으로 닭 학살…)

한화테크윈
(방위산업체. 주가가 너무 떨어져서
저점 확실. 반등 예감.)

이 아이디어는 매년 돌아오는 환경이라
별다를 게 없지만 이를 신선하게 받아들일
또 다른 바보가 나타나 주식을 높게 사주길
기대하는 투자법으로 보입니다.

깨갱.

한화테크윈은 사업 내용이 무지 복잡한데
얼마나 알고 사시는 건지 궁금합니다.

그냥 감으로…

너무 싸고 방위산업체라
크게 위험하지 않을 거라는…

화백님이 잘 아는 분야를
골라보세요.

증권회사에 대한 정보를 자주 보면서
잘 알 만한 분야를 추려보시죠.
1,900개 중에 몇 개는 나오겠죠.

지금 화백님의 단계에서는
나만의 영역 확보가 우선입니다.

아!

마리오 푸조가 마피아 출신이라
《대부》를 쓴 것처럼 말이죠.

조폭 출신이 첫 작품을
로맨스 소설로 썼다면 망했겠죠.

매일 복사지 반 통 분량을 읽는 저나
동물적 감각을 타고난 하웅 같은 사람과
경쟁하는 게임이라 생각하신다면
노력을 안 하실 수 없을 텐데요. 하하.

깜깜하네요.

화백님이 투자 방법과 답을
찾아가는 모습이 이 만화의
큰 전환점이 될 것이라 확신합니다.

독자들은 저희 같은 전문가보다
화백님의 좌충우돌에
더욱 열광할 것입니다.

머리 터지겠네요.

만화 스토리는 내 마음대로
끌고 가면 그만인데
이것은 어휴~

하웅

텍셀네트컴

전체 매도.

30,350원 X 121주 = 3,672,350원
매도 완료.

손실 139,150원

삼성바이오로직스

448,000원
8주 추가 매수.

448,000원 X 8주 = 3,584,000원
매수 완료.

문 걸어 잠그고
술 약속 하지 말고
열공… 열공…

3
천
만
원

이날 이후 허영만이
술집에 나타났다는 제보는
한 건도 없었다. (희망사항)

곧 북미 정상회담이 있답니다.
시장이 확 달라지지 않을까요?
자문단 여러분의 의견 부탁합니다.

VIP자문
최준철

작년 하반기 북한과 미국이 전쟁한다고
냅다 주식을 팔았던 분들이 반성하는
계기가 되기 바랍니다.
틀려서가 아니라 예측 불가한 영역을
감정적으로 투자에 반영한 부분을요.
이번에도 마찬가지입니다.
차분하게 보유 기업에 집중하시길…

61

실패에서 배워라

이성호

최준철 대표님 말씀에 동감합니다.
개별종목이든 지수든 오를 때 되면
좋은 뉴스 나오고, 떨어질 때 되면
나쁜 뉴스 나오는 경우가 많은 것 같습니다.
꼭 그런 건 아니지만요.

갑자기 전쟁을 하려는 분위기가 되거나
갑자기 통일이 되는 분위기가 아니라면
큰 영향을 주지는 않을 것입니다.
다만 전쟁 위험 감소 정도로
약간의 호재 정도로만 보입니다.
방산업체, 남북경협주 등은
영향을 받을 것 같습니다.

하웅

남북 정상회담, 연이은 북미 정상회담은
단기적 이벤트로 다가오는데요.
한반도 안정 분위기가 심리적으로
증시 안정에는 상당 부분 도움이 되겠죠.

돈과 연결된 모든 투자는 심리가
매우 중요합니다.
그동안의 증시 급등 후
조정장이 마무리되는 호재로 이어지길…

**쿼터백
자산운용**

어떤 이벤트에 예측하여 대응하기보다는
사전, 사후에 나타나는 데이터 변화에 근거하여
객관적인 접근을 하는 것이 올바른 방법입니다.
저희는 이런 데이터를 크게는 심리, 이익, 경기란
요소로 나누어 반영합니다. 마찬가지로
이번 회담이라 해서 다를 이유는 없습니다.

고맙습니다.
사전에 준비를 충분히 하면
흔들릴 이유가 없다는 결론이군요.

34
손절 종목의 변화도 놓치지 말라

손해 본 주식이라도 그 움직임을 관찰하면
많은 교훈을 얻을 수 있다.

이 같은 교훈은 다음 투자 전략의 근거가 될 수 있다.

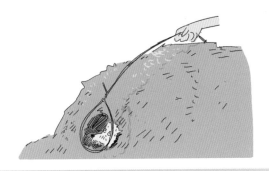

손절한 종목이라도 주가 움직임을 보면
새로운 투자 기회를 만나고 수익을 얻을 수 있다.

손해를 본 종목의 투자 타이밍을 조절해서
수익을 만들어낸다면 얼마나 멋진 일인가.

매매 기준은 대세 흐름을 봐야 한다

상승세의 시작이라고 판단되면
주가가 아무리 많이 올라도 따라 사라.

천정을 치고 하락하는 주가는
아무리 싸도 매입해서는 안 된다.

안녕~

주가의 수준보다는 주가의 흐름과
시장의 대세를 보고 투자하라.

매매 일기장을 써라

데이트레이더에게 필요한 격언이다.

복기(復碁)는 지난 바둑판을 다시 두어보는 것.

복골(復Gol)은 잘못된 골프 샷을 정정하는 것.

우리 같은 주식 데이트레이더들이
해야 할 것은 복주(復株).

오늘의 손실과 수익을
돌이켜보는 시간이 있어야 한다.

손실은 왜 손실이었는가?
차선책은 없었는가?

수익은 어떤 타이밍이 좋았는가?
더 높은 수익률을 만나기 위해서는?

가계부를 쓰면 생활비 관리가 용이해진다.

매매 일기장을 기록하면 깨닫고 발전한다.
손실과 수익이 보인다.

종목 매매 들어갑니다.
2월 26일(월) ~ 3월 2일(금)

2월 26일(월)

이성호

파라텍

매수.

7,310원 X 771주 = 5,636,010원
매수 완료.

파라텍은?

소방기구 제조 및 소방설비 공사 전문업체.
소화설비 공사 시공이 매출액의 대부분을 차지.
주요 제품은 스프링클러, 소방용 밸브 등.

• 최대주주 : (주)베이스에이치디 외 54.49%

우담선생 자문
①번 계좌 정리.

프로테믹스

매도.

7,840원 X 322주 = 2,524,480원
손실 473,340원

초기 투자금 6,000,000원

현재 잔액 6,136,903원

수익 136,903원

김태석 자문
⑥번 계좌 정리.

2017년 12월 투자금 6,000,000원

현재 잔액 5,451,520원

손실 548,480원

허영만

① 허영만

한화테크윈

20주 매수.

앗! 초짜 등장!

30,000원 X 20주 = 600,000원
매수 완료.

한화테크윈은?

한화그룹 계열의 방위산업체.
첨단기술력 기반의 엔진 사업, 방산사업,
에너지 장비 사업, 시큐리티 사업 등을 영위.

· 최대주주 : (주)한화 외 32.69%

첫 매매입니다.

가슴이 쿵쾅쿵쾅입니다.

VIP자문 최준철 씨의 만류에도
불구하고 확신을 갖고 도전합니다.
허깨비가 씌었나 봅니다.

그래프를 보면 더 이상 떨어질 수
없을 정도로 떨어져 있는데
며칠 사이에 반등 기미도 보입니다.

게다가 사우디 방산전시회 'AFED2018'에
참가해 중동 지역 마케팅에 본격적으로
나섰다는 기사도 보입니다.

독자 여러분, 주목해주세요. ㅎㅎ

2월 27일(화)

허영만

어제 한화테크윈을 매수했는데
오늘 매경신문에 기사가 실렸다.
"한화테크윈 방산 중심 재편으로
주가 반등 시도."

ㅎㅎ

뭔가 청신호가 보이는 듯하다.

악! 장 마감 때 28,900원
하루 만에 주당 1,100원 손실!

2월 28일(수)

허영만

휴~ 한화테크윈

29,200원… 회복 중. 아직 800원 손실.

최소 매일 한 종목 매수하고선
한 번씩은 시세를 봐야 하는
휴대폰 중독으로 가는 중… 잊자, 잊어.
매주 금요일에 한 번씩만 보자.

VIP자문
최준철

SK

289,000원 1주 매수.

광주은행 절반 매도 대금으로
SK 비중을 확대합니다.

289,000원 X 1주 = 289,000원
매수 완료.

3월 2일(금)

하웅

글로벌 증시가 또다시 급락.
불안한 장 이어짐.

이런 장 때 자주 매매하는 것은
좋지 않은 결과로 이어지니
당분간 급락 시에도 매수세가 살아 있는
삼성바이오로직스 보유 유지하겠음.

삼성바이오로직스 매수 이유.

1. 삼성그룹의 확실한 미래 성장 사업.
2. 향후 제 3공장 가동률 상승.
3. 추가적인 바이오시밀러 시판 허가 예상.
4. 급락장에서도 외인 · 기관 수급 양호.

아~ 더블스코어의 언덕을
넘기가 버거워요.

3
천
만
원

월간 누적 수익률 (2월 1일 ~ 2월 28일)

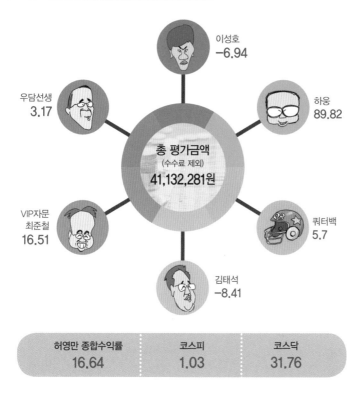

이성호
−6.94

우담선생
3.17

하웅
89.82

총 평가금액
(수수료 제외)
41,132,281원

VIP자문
최준철
16.51

쿼터백
5.7

김태석
−8.41

허영만 종합수익률	코스피	코스닥
16.64	1.03	31.76

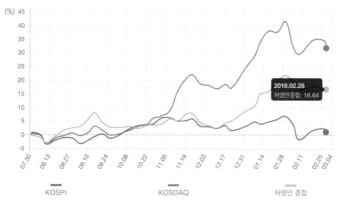

2018.02.28
허영만종합: 16.64

KOSPI　　　　KOSDAQ　　　　허영만 종합

2장

이성적으로 판단하라

35
매수가는 잊어라

주식투자는 매도(파는 것)의 예술이다.
이것은 매도의 중요성을 가리킨다.

그러나 매도 시기를 결정하는 데
판단을 흐리게 하는 것이 매수가이다.

많은 투자자들이 종목을 매수한 뒤
매수가를 기준으로 매도 시기를
결정하게 되니까 적절한 시점을 놓쳐버린다.

매수가는 잊어라. 이미 과거지사.
현시점에서 더 오를지 더 내릴지 판단하라.

손해를 보고 있더라도 추가 하락이 예상되면
팔아야 하고, 이익을 보고 있더라도
추가 상승이 기대되면 보유하라.

매수는 기술, 매도는 예술

골동품, 땅, 아파트, 주식…
모두 싸게 사서 비싸게 팔기를 원한다.

실제로 투자를 해보면
사는 것보다 파는 것이 매우 어렵다.
매도가 얼마나 어려우면 예술이라고 하겠는가?

매도할 때는 매수가가 기억에 남아 있어서 어렵다.

매수는 천천히, 매도는 신속히

매수 : 돈만 있으면 기회는 얼마든지 있다.
　　　 신중하고 느긋하게 한다.

매도 : 한번 놓치면 치명적일 수 있다.
　　　 빠르고 과감하게 실행한다.

이 성 적 으 로 판 단 하 라

매도 결심을 하고 몇백원의 차이로
주저주저하는 것은 더 큰 손실을 부른다.
몇백원의 호가 차이로 팔리지 않아
주가가 더 하락하면 매도가 더 힘들어진다.

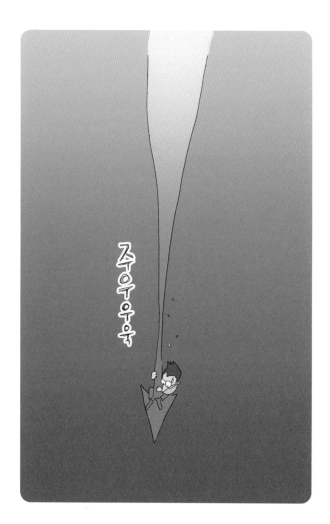

주저주저할 경우
적은 손실로 막을 것이 큰 손실로 이어진다.
이래서 주식시장을 떠나는 투자자가 너무 많다.

매수는 느긋하게 낮은 가격을 골라서 사야 하고
조급하게 따라 사는 것은 금물이다.

반대로 매도를 판단하고 결정했으면
가격고하를 막론하고 한시라도 빨리 처분하라.
미련을 두는 것은 미련하다.

썩기 시작한 생선 내장을 그대로 두면
몸뚱이도 썩는다.

종목 매매 들어갑니다.
3월 5일(월) ~ 3월 9일(금)

3월 5일(월)

한화테크윈…

오늘 아침 현재 28,000원.
주당 2,000원 손실.
총 40,000원 손실.

좀 더 지켜보기로…

3월 6일(화)

매매가 없는 틈에
주식공부 열중!!

3월 7일(수)

하웅

삼성바이오로직스

10주 매도. 08:49

447,000원 X 10주 = 4,470,000원
매도 완료.

나머지 매도. 10:37

457,000원 X 14주 = 6,398,000원
매도 완료.

수익 381,000원

와. 두 시간 정도 후에
10,000원이 더 올랐다.

3월 8일(목)

VIP자문
최준철

가용 현금 얼마?

606,650원입니다.

메리츠금융지주

14,500원에 40주 매수.

14,500원 X 40주 = 580,000원
매수 완료.

메리츠금융지주
총 80주 보유 중.

 하웅

차바이오텍

180주 매수.

35,000원 X 180주 = 6,300,000원
매수 완료.

매수 가능 금액?

4,613,052원

삼성바이오로직스

10주 매수.

451,500원 X 10주 = 4,515,000원
매수 완료.

허영만의 계좌를 만든 이후 텅 빈 뇌 창고에
주식정보를 채워 넣으려고 동분서주,
동가식서가숙하면서 얻은 정보를 공개합니다.
1차로 이 중에서 선별 뒤 매수할 생각입니다.

K

파이팅입니다. 쌤.

종목을 줘야지.

현금 보유라면
야단맞겠죠?

야단! 야단! 야단!

B

요즘 시장이 손해 안 보면
잘하는 겁니다.
저는 배당 포함해서
연간 목표 수익이 10% 정도라…

현실이 그렇더라도
만화를 살리기 위해서는
움직여야 해.

K2

'신대양제지' 추천합니다.
골판지 중 골심지와 이면지를 생산하는 업체인데
국내 시장점유율 1위입니다. 아마도 제가
주식 실패로 노숙자가 되면 이 박스를 깔고
서울역에서 누워 있을 텐데. ㅎㅎ

4분기 실적 깜놀!
어제 종가가 44,100원인데 주식 발행 수
4,029,782를 곱하면 시가 총액이 1,777억입니다.
그런데 한 분기의 영업 이익만 187억.
지배당기 순이익이 233억. 만약 4분기 정도의
실적이 올해 내내 나온다면 PER가 1점대!

원재료 가격은 하락하고 제품 단가는 인상.
단, 골판지 업종은 사이클을 매우 심하게 타는
업종이라 장기 투자는 주의해야 합니다.

아~ 땡기네~

 K2

'세보엠이씨'.
매수한 지 3개월이 지남. 2018년 DRAM의
평균선폭은 드디어 19㎜ 이하로 축소되고 있음.
계속적인 미세화로 인하여 3년 전 설비를
계속 업그레이드시켜주지 않으면
도태 위험성이 높아서 반도체 세트업체는
계속 설비투자 지속 중.

K2

'원익IPS'.
동사의 2대 주주는 삼성전자(4.48%)
3대 주주는 삼성디스플레이(4.48%)
4대 주주는 글로벌 반도체 장비 업체
Applied materials(3.63%)입니다.

2011년 매출액 2,505억원
2017년 매출액 6,308억원
영업이익 1,222억원
지배당기 순이익 957억원입니다.

이것도 땡기네.

P

'메가스터디'를 추천합니다.
저도 과거에 기술학원을 운영하다
말아먹은 경험이 있는데요.
그때 메가스터디와 대성이 기술학원 시장으로
진입하면서 기존 군소학원들이 쇠퇴하게
되었다고 합니다.
메가스터디는 용인에 대형 기술학원을 운영 중이고
올해 학생 모집이 작년보다 더 좋았답니다.

고맙습니다.

P

학원의 경쟁력은 강사인데 강사 중에서도
가장 중요한 것이 수학강사입니다.
2014년까지 수학 과목에 최고 강사가 있어서
메가스터디를 견인했었는데 그 강사를 다른 데서
스카우트해가면서 힘이 빠졌었죠.

그래서 미국에서 새 강사를 영입했는데
2~3년후 그 강사가 스타가 되면서
메가스터디 부활의 견인차가 되었습니다.
그리고 메가패스라는 온라인 동영상 강의권을
50만원 정도에 파는데, 올 초 이후
판매 호조를 보이고 있고
광고비도 일단락되어
올해 수익성이 많이 향상될 듯합니다.

작년에 학원 둘을 인수해서
성인 교육시장으로도 사업을 확대하고 있고
강남, 서초, 노량진 등의 자체 학원 부동산 가치도
많이 올라서 매우 양호합니다.
학생 수 감소로 교육시장이 정체되어 있긴 하지만
재수 · 삼수생들의 누적으로 전체 수요는
유지될 것이고, 시장이 과점화되어서
출혈경쟁도 심하지 않을 것입니다.

한 줄 한 줄이 전부 영양소.
이렇게 세세한 정보까지 얻으려면
항상 관심을 놓지 않아야겠군요.

이런 와중에 애널리스트에게서 메일이 왔다.

3월 7일(수)

아침만 해도 전날 전해진 남북 화해 무드가
시장에 긍정적으로 작용할 것으로 전망됐으나,
장 개시 직전 트럼프 보호무역주의에 반대하던
게리콘 미국 국가경제위원회 의장이
사임했다는 소식이 전해지며 미국 증시 선물이
큰 폭으로 하락하고, 국내 증시도
하락세를 보이고 있습니다.

게리콘의 사임을 시장이 악재로 인식하는 이유는
트럼프의 보호무역 강화 의지가 그만큼 높다고
판단하기 때문입니다.

3월 9일(금)

트럼프 중대 발표 내용 및 평가.

1. 주요 발표 내용.

– 김정은, 트럼프에 5월까지 방북 요청.
– 트럼프, 김정은 초청 수락.
  장소와 시간은 추후 결정.
  북미 대화 프로세스가 개시된 것으로 봐도 무방.

2. 예상되는 파급 효과.

1) 지정학적 위험 관련 지표 :
   하락의 폭보다는 장기 안정화 가능성이 중요.

2) 원화 강세 압력은 제한적일 수 있음.
　– 지정학적 위험 하락은 환율의 변동성을
　　완화시키고 원화 강세 압력으로 작용.
　– 다만 최근 원/달러 환율이 1,060원대에서
　　상당한 지지력을 확보하고 있고 달러인덱스
　　(DXY) 또한 유로존의 긴축 속도 조절 등에 의해
　　반등세를 보이고 있다는 점은 완충 요인.

3) 주식시장에 미치는 효과는 보다 긴 호흡으로
　　볼 필요가 있음.
　– 서프라이즈 효과는 단기적. 남북경협주로
　　거론되는 종목들도 이미 상당한 상승 폭을
　　기록하고 있다는 점은 오히려 주의를 요함.
　– 북미 관계 개선이 한중 관계 개선으로
　　연결될 수 있다는 기대감에
　　차이나 인바운드 종목들 투자 심리 개선.

　– 보다 중요한 포인트는,
　① 환율 안정성 강화로 인한 투자 위험 감소.
　② 이로 인한 외국인 패시브(passive) 자금의 유입 강화.
　③ 외국인 매수 유입 강화 가능성임.

　– 그러므로 긴 호흡에서 볼 때 지정학적
　　리스크 완화의 최대 수혜주는
　　삼성전자를 비롯한 시가총액 상위 종목들이
　　될 수 있다는 판단.

101

이 성 적 으 로 　판 단 하 라

36
머리와 귀를 이용하지 말고 눈을 이용하라

주식투자 시 예측이 맞아떨어졌을 때의
쾌감은 비길 데가 없다.
기쁨과 동시에 큰 수익이 돌아오기 때문이다.

그러나 예측한 대로 맞아떨어지기는 무척 어렵다.

시장에 돌아다니는 정보에 귀 기울이지 말고

주관적인 감정과 판단에 치우치지 말고

주가 흐름을 눈으로 확인한 후 거래하라.

머리와 손은 함께 움직여라

이성(理性)

진위, 선악을 구별하여
바르게 판단하는 능력.

감성(感性)

자극이나
자극의 변화를
느끼는 성질.

인간은 항상 어려운 결정을 할 때
이성과 감성 사이에서 방황한다.

주식투자를 할 때도 역시 이성과 감성이
상반되어 갈등을 느낀다.

주가가 계속 하락할 때의 이성적 판단.

팔자!

주가가 계속 하락할 때의 감성적 판단.

지금은
팔 때가 아니야!

이럴 때도 시계의 초침은
잔인하게 돌아가고 있다.
손해의 골짜기는 점점 깊어만 간다.

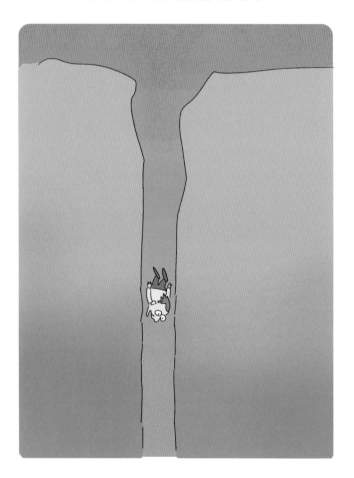

이성적으로 판단해서 결정을 내렸으면
곧바로 행동해야 한다.

위대한 사상도 행동으로
옮기지 않으면 가치가 없다.

종목 매매 들어갑니다.
3월 12일(월) ~ 3월 16일(금)

3월 12일(월)

매매 꽝!

3월 13일(화)

 하웅

SK하이닉스

40주 매수.

웰컴, 하웅 씨.

89,800원 X 40주 = 3,592,000원
매수 완료.

SKC코오롱PI

나머지 매수.

46,150원 X 61주 = 2,815,150원
매수 완료.

허영만

마크로젠

100만냥 매수.

앗! 공부 더 해야
하는 것 아니야?

질러!

49,400원 X 20주 = 988,000원
매수 완료.

아진엑스텍

100만냥 매수.

또…!

질러!

결과는 누구도 모른다.

13,850원 X 73주 = 1,011,050원
매수 완료.

마크로젠은?

서울의대 유전자 이식 연구소를 모태로 설립된 생명공학기업. DNA 염기서열 분석 서비스, 임상용 유전체 분석 서비스, 마이크로어레이(Microarray) 개발 및 판매, 유전자 이식 및 적중 마우스 공급 서비스, 유전자 합성, 올리고 합성 서비스 분야를 대상으로 사업.
유전자 분석 및 진단 서비스 성공을 발판으로 개인별 맞춤의학 시대를 열기 위한 개인 유전정보 분석, 질환 예측 및 진단용 유전자 발굴, 줄기세포 기술 개발에 집중.

- 최대주주 : 서정선 외 11.55%

아진엑스텍은?

모션제어 칩을 핵심 경쟁력으로 하는 팹리스(Fab-less) 반도체 설계 전문업체.
모션제어 칩을 이용해 다양한 모션제어 모듈, 모션제어 시스템, 로봇제어기 제품을 자체 기술로 개발·제조·판매·서비스 중.
반도체 장비 및 스마트폰 장비와 같은 제조·검사 자동화 장비의 제어기 국산화 및 제조용 로봇제어기 전문기업. 코넥스에서 코스닥 시장으로 최초 이전 상장.

- 최대주주 : 김창호 외 33.94%

3월 15일(목)

이성호

파라텍

전량 6,610원 매도 주문.

6,610원 X 771주 = 5,096,310원
매도 완료.

아흑! 손실 539,700원

MP한강

헌병 한강?

한강 지키는 헌병?

잔액 전체 매수.

앗! 승부처!

2,725원 X 1,858주 = 5,063,050원
매수 완료.

MP한강은?

기업 인수 목적회사(SPAC) SK2호 스팩이 화장
품 도매업체 (주)한강 인터트레이드를 흡수 합
병함에 따라 변경 상장된 업체.
세계 각국으로부터 수입된 화장품 및 퍼스널 케
어 제품의 국내 독점 공급과 전문 유통을 맡고
있음.

• 최대주주 : (주)엠피그룹 외 67.11%

3월 16일(금)

이성호

MP한강

시장가 929주 매도.

2,822원 X 929주 = 2,621,638원
매도 완료.

나머지 2,890원에 매도 주문.

2,890원 X 929주 = 2,684,810원
매도 완료.

수익 243,398원
오랜만에 만회!

전에 너무 손해가 커서
성급하게 매도한 것이 아쉽네요.

백 년 만의 수익 ㅎㅎ.

땡큐!

이젠 영만이가
수익을 낼 차례!

바이오스마트

전액 매수.

앗! 승부!

6,610원 X 797주 = 5,268,170원
매수 완료.

영만이의 투자일지 ②

3월 8일

주식에 관심 갖기 이전부터 알고 지내던 Ch의 정보.

 Ch

〈삼성에스디에스〉

• 4차 산업혁명과 관련, 블록체인,
  빅데이터 분석, AI, 스마트 팩토리,
  클라우드, 스마트 물류 등 신규사업 가시화.

• 스마트 팩토리, 클라우드 등
  IT 전략사업이 실적 견인.

• 배당 확대 비롯한 주주 환원 정책 예상.

〈아진엑스텍〉

- 국내 유일의 모션제어 칩 설계 · 생산업체로
  모듈, 시스템, 소프트웨어까지 일괄 생산.

- 2차전지, 스마트 팩토리와 로봇, 일반 제조업 등
  자동화 공정 확대로 성장 국면 초기.

- 관련 분야 미 · 일 대표 기업과 함께
  스마트 팩토리 물류 이송 로봇 개발 중으로
  향후 성장 모멘텀.

〈마크로젠〉

- 세계 5위 수준의 유전자 분석 서비스 전문회사.

- 유전자 정보 빅데이터 기반의 지능형 의료 서비스의
  본격적인 상용화 단계 진입으로 정밀의학,
  맞춤의학, 예방의학 시대 도래에 주요 역할 기대.

- 생명공학 연구윤리 관련한 규제 완화 기대.

〈텔콘〉

- 무선중계기 부품 사업을 축소하고,
  인수합병을 통한 제약, 바이오사업에 집중.

- 지분 보유회사인 비보존이 비마약성 진통제
  VVZ-149 임상 2상 마무리 단계.
  2018년 하반기 임상 3상 진입 예상.

- 비보존의 임상 마무리와 임상 3상 진행 여부가
  주가의 방향성을 결정할 것으로 판단.

3
천
만
원

〈나노신소재〉

• 태양전지, 반도체, 디스플레이 등의
  나노 소재 전문 생산업체.

• 최근 주요 원재료인 인듐 가격 상승세나
  판가 상승으로 전이하여 원가 상승 부담 상쇄 예상.

• 2018년 1분기 실적 감익 예상되나
  2017년 하반기부터 제품 라인업 다양화 및
  고객사 다변화를 통해 턴어라운드 성공하여
  기조 유지. 본격 성장세 진입 중.

Ch는 몇 달 전부터
마크로젠과 텔콘을 주목하라고 했었다.

3월 9일

 Ch

거래는 시작하셨죠?

지난주에 한화테크윈
한 가지 샀어.

느낌은?

이건 신도 모르니까
일단 뻥튀기할 생각 말아야지.
열 종목쯤 매수해서 지켜볼 생각이야.

600만원에 열 종목은
너무 많을 듯합니다.
말씀드린 대로 종목군을 설정해두고
두세 종목 정도로 교체해가면서
운용하는 것이 좋을 듯합니다.

8월쯤에는 계좌수익 1등!

ㅎㅎ 고려해볼게.
안전 위주로 하려니까
10종이었지.

3월 12일

Ch

지수도 강하지만 공교롭게도
제 추천 종목들이 오늘 꽤 강세입니다.

매수 타이밍?

매수 가격이 조금 비싸지만
평화 무드(남북, 북미)에
올라타는 것도 고려.

텔콤 외엔 5% 이상 상승.
추격 매수 고려.

고민 중.
(이러다 날 새는 경우
많습니다.)

텔콘이 대주주 장내 매도 공시가 나와서
시간 외 하한가로 끝났습니다.
내일 초반 흔들면 매수 기회로 보입니다.

3월 13일

 Ch

텔콘 시초가 마이너스도
안 주고 급반등 중.

지금 골프 중.
내일 오전 중 매수 가능.
('허'는 정보 입수 후 즉시
행동하지 말라는 교훈을
실천 중인가?)

제가 추천 드린 종목 외에
관심종목은?

세보엠이씨 · 신대양제지 · 원익IPS ·
메가스터디 · 케이엘넷 · LG이노텍 ·
OCI · 대한약품 · 파크시스템스

주식회사는 자기 영역이 있어서 공부하고 숙지한 다음에야 빠르게 움직인다지만 만화 컨셉상으로는 다소 핫한 타이밍에 들어가야 하니까… 원익, 세보 차트가 단기 흐름을 타고 있어 보입니다.

신대양은 지난주 미팅 때 말씀하신 후 불기둥이 나와서…

제안 드린 종목들은 중장기 전망을 바탕으로 단기 차트를 활용하는 스윙 전략입니다. 만약 단기로 불리면 버틸 수 있는 중장기 전망이 있어야 믿을 빽이 있는 거죠.

3월 14일

Ch

오늘 살 만한 놈은 마크로젠 49,200원, 아진엑스텍 13,700원입니다.

OK. 두 종목 200만냥 투하!

(주저주저할 시간이 없다! 아하~ 너무 빠르지 않나?)

영만이의 결심.

1. 손실이 날 경우 3%면 무조건 매도.

2. 급등 시 분할 매도.
   (조금 남겨서 관심 종목으로)

3. 움직임 포착 시 분할 매수.

살 때보다
팔 때가 어렵다는 말은
누구나 한다.
명심!

121

이 성적으로 판단하라

37
모두가 좋다는 땅은 피하자

모두가 좋다는 종목은 피하자

그러나 그 땅은 구획정리가 이미 끝난 지
오래이고 필지마다 주인이 다 들어차 있다.

땅이 전부 팔려버려서 매매되지 않는다.
땅값이 오르기 어렵다.

만일 땅값이 오르면
팔려는 사람이 많아지기 때문에
땅값은 다시 떨어진다.

모든 사람이 좋다는 주식은
이미 거래가 끝났다고 보면 맞다.
나한테 소문이 돌 때까지 시간이 흘렀기 때문에
주식은 이미 다른 사람들이 선점한 상태다.

선점한 주식도 모두들 주가가 오르기를 기다리니까
시장에 매물이 없어 주가가 움직이지 않을 뿐 아니라
주가가 오르면 모든 사람들이 팔려고 하기 때문에
오히려 주가는 떨어지기 쉽다.

모두가 좋다는 종목 주위에 있다가는
끝물에 녹아난다.

모두가 비관할 때 긁어모아라

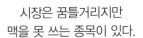

시장은 꿈틀거리지만
맥을 못 쓰는 종목이 있다.

움직이지 않는 주식을 손절매하는 경우가 많다.

이 중 싸고, 경영상태가 좋은 종목을
조금씩 매수한다.

남들의 관심 밖인 주식이
전환기에는 큰 수익을 줄 수 있다.

종목 매매 들어갑니다.
3월 19일(월) ~ 3월 23일(금)

3월 19일(월)

허영만

마크로젠

10주 추가 매수.

뭘 알고 덤비는 거여?

잔소리 말고!

알았어.

47,350원 X 10주 = 473,500원
매수 완료.

'신대양제지'랑 '파크시스템스'
매수 정보가 있었는데
깜빡하는 사이에 겁나 올라버렸어.
아! 아깝다!

〈신대양제지 3월 20일〉

〈파크시스템스 3월 20일〉

3월 20일(화)

허영만

메가스터디

시장가 20주 매수.

32,900원 X 20주 = 658,000원
매수 완료.

3월 21일(수)

허영만

아진엑스텍

15,000원에 잔액 몰빵
매수 주문.

손을 툭툭 털어야
속이 후련한가 봐.

현재 여유 잔액 1,380,000원
매수 주문 완료.

매수 실패.
현재 아진엑스텍 15,900원

매수 주문 취소.

이성호

바이오스마트

6,690원 전체 매도 주문.

6,690원 X 797주 = 5,331,930원
매도 완료.

수익 64,760원

사실 팔 타이밍이 아닌데
시간이 걸릴 것 같아서 일단 팔았음.

내 생각에도
너무 급한 매도가 아닌가
생각했어요.

빨리 움직일 수 있는
종목으로 찾아보겠음.

디케이락

전액 매수 주문.

7,350원 × 722주 = 5,306,700원
매수 완료.

급등한 상태라 빠른 손절이
필요할 수 있음.

비상대기!

바이오스마트는?

신용카드 제조 및 신용카드 관련 기자재 생산
업체.
마스터카드(MasterCard) 발급 및 비자-캐시카
드 IC칩 임베딩 인준을 획득. 전자화폐 제조에
관한 품질 인증에 합격. 비자카드 발급 인준 몬
덱스(Mondex)카드 제조 및 발급 인준 획득.
계열사 : 옴니시스템, 에이엠에스, 한생화장품,
라미화장품.

• 최대주주 : 박혜린 외 19.48%

디케이락은?

계장용 피팅 및 밸브 제조업체.
계장용 피팅 및 밸브는 조선 · 해양플랜트 · 원
자력 · 화력 · 수력 발전설비 · 반도체 · CNG 및
수소용 자동차 산업 · 해외 정유시설의 대형 플
랜트 등에 사용.
국내 최대주주로 ASME(미국기계기술자협회)로
부터 원자력 발전 기자재 제작 인증서인 "N"과
부품 생산 자격인 "NPT" 획득.

• 최대주주 : 노은식 외 42.61%
• 최대주주 : (주)에이티넘인베스트먼트 12.16%

하웅 씨는 잠수 중이고
이성호 씨도 가끔 칼을 빼고…

영만이 혼자 까불어봐야
물 받은 대야에 배 깔고
물장구치는 꼴이니
만화가 거의 식물인간 수준입니다.

VIP자문
최준철

이미 현금을 소진해놓고
오르기만 기다리는 상황이라
움직임이 없을 수밖에 없네요.

화백님. 궁금한 내용을 올리시면
답변 드리겠습니다.

답답 궁금한 거야 태평양이쥬.
망망대해.

알고 싶은 건 계절주나
꾸준한 거요.

계절주는 80년대에나
쓰던 전략이고요.

아! 나는 역시 쉰 꼰대!

꾸준한 건 역시 먹고, 마시고, 입고, 자고… 이런 류들이죠.

또 숙제를 주시네.

3월 22일(목)

이성호

디케이락

전량 7,990원 매도 주문.

7,990원 X 722주 = 5,768,780원
매도 주문 완료.

정정.

7,450원

7,450원 X 722주 = 5,378,900원
매도 완료.

수익 72,200원

좋은사람들 15:01

3,910원 전액 매수.

3,908원 X 1,358주 = 5,307,064원
매수 완료.

좋은사람들 15:31

전량 매도.

4,015원 X 1,358주 = 5,452,370원
매도 완료.

수익 145,306원

3월 23일(금)

 하웅

SK하이닉스 매도.

SKC코오롱PI 매도.

손절합니다.

어이구~
더블스코어 쉽지 않네요.

SK하이닉스
85,100원 X 40주 = 3,404,000원
매도 완료.

손실 188,000원

SKC코오롱PI
44,050원 X 61주 = 2,687,050원
매도 완료.

손실 128,100원

얼마 전 하웅 씨의 활약상으로 볼 때
금세 더블로 갈 줄 알았는데
그동안 다우 산업지수 폭락 등의
악재가 있었고, 이번에는
미중 관세전쟁 예고로
전례 없이 시장이
얼어붙고 말았다.

더블스코어의 턱걸이는
잠시 뒤로 미뤄야 한다.
이때쯤 허영만의 활약이 기대되는데
개미가 허리에 칼 차고
호랑이와 맞붙는 꼴이랄까….

139

이성적으로 판단하라

3월 19일

Ch

마크로젠이 낙폭이 큼.
네이처셀 하한가에
시장 심리 왜곡 반영되는 듯.

매도?

Ch

아뇨. 줄기세포 관련주들이 약세인데
마크는 이번 주총에 만능유도 줄기세포
사업을 사업 목적에 추가 예정.
시작도 안 한 사업을 줄기세포로
엮는 거라면 매수 기회. 10주 정도.

47,350원 X 10주 = 473,500원
매수 완료.

3월 20일

Ch

요새 장중 시세 많이 보심?

많이 보지.
그런데 많이 보면 안 좋은가 봐.
마음이 오락가락해서
흔들릴 우려가 있어.
여유 있게 가야 하는데
독자 의식해서 촐랑거리는 것이
시간이 지나면 결과가 나쁠 수 있지.

현재 마크로젠, 아진엑스텍, 텔콘이
수익 내는 중이고 한화테크윈은 여전히
30,000원 오르는 데 버거워하고 있어.
햄버거를 많이 먹어서 버겁나?

3월 21일

Ch

경제신문에 기사 났음.
"아진엑스텍 모바일
협동이송로봇 개발 상용화
MOU 체결."

이런 것이 주가에 영향을 주나?

이 성 적 으 로 판 단 하 라

Ch

스마트공장이 4차 산업혁명의 각론 하나.
이 회사 현재는 모션제어칩이 주 매출.
로봇은 향후 캐시카우 역할 기대.
이제 시작으로 보임. 보유.

"아진엑스텍 지난해 영업이익
77억원, 전년 대비 651% 상승"
경제신문 기사임.

실적 성장이 바탕+미래 먹거리
가시화 기대감.

주목하겠음.

앗! 한화테크윈 30,000원 돌파! 24일 만에 본전!
(그동안 계속 원가 밑에서 왔다 갔다 했음)
아진엑스텍 15,100원대에 15,000원으로
매수 주문 넣었으나 매수 실패.

지금은 16,050원… 흑! 현재까지 손익을 따질 때가
아니지만 투자 종목의 등락을 보면 재미있고,
손실 난 종목은 언제 매도할까 고민하고
코앞에서 놓친 종목은 님 태운 배
떠나보낸 것처럼 아쉽다. 차츰 재미를 붙여가고 있다.

불만은 핸드폰 액정에 눈이 고정되어
떠나지 못하고 있다는 것이다.

만화는 언제 그려?

38
모든 정보가 주가에 반영되지는 않는다

주가는 장래에 대한 기대를 가지고 오르지만
너무 먼 장래는 가치가 희박하다.
장시간의 전망으로 주식을 사놓아도
주가는 오르지 않는다.

종목은 알려져야 주가에 반영되고
알려진 후에도 시장 분위기가 집중될 때까지
주가는 오르지 않는다.

목숨이 걸린 돈에 손대지 마라

어머니는 위중하시고

마누라는 가난을 한탄하고

아이들은 기를 펴지 못하고

본인은 이 난관을 헤쳐나갈 방법을
찾지 못하고 있다.

마지막 방법은 하나!

집을 저당 잡히고 고리로 사채를 당기고
주위의 손 닿는 이에게 최대한 돈을 끌어와서
평소에 눈여겨봤던 주식 종목에 베팅한다.

그러나 판세는 계산한 대로 돌아가지 않는다.

게다가 자신을 지켜보고 있는
가족의 시선은 이성을 잃게 할 확률이 아주 높다.

여기서 손해를 본다면 집이 날아가고,
가족은 흩어지고, 못 갚은 사채 대신
장기를 팔게 될 수도 있다.

이젠 돌이킬 수 없다.
절체절명의 순간이다. 눈에 보이는 것이 없다.

목숨 걸린 돈에 손대지 마라.
주식은 도박이 아니다.

종목 매매 들어갑니다.
3월 26일(월) ~ 3월 30일(금)

3월 26일(월)

············

3월 27일(화)

············

3월 28일(수)

············

3월 29일(목)

 하웅

삼성바이오로직스

매도.

아! 오늘도
매매 꽝인 줄 알았는데…

478,500원 X 10주 = 4,785,000원
매도 완료.

수익 270,000원

호텔신라

50주 매수.

91,800원 X 50주 = 4,590,000원
매수 완료.

허영만

마크로젠 10:53

46,400원 5주 매수 주문.

46,550원인데
그 금액에 가능할까?

그럼 네가 매매해라!

아니 주문할게.

46,400원 X 5주 = 232,000원
매수 주문 완료.

마크로젠 11:05

수정 46,700원

정정 주문 완료.

14:00 　마크로젠

46,700원 X 5주 = 233,500원
매수 체결 완료.

 이성호

KPX생명과학

8,250원 전체 매수 주문.

8,250원 X 622주
매수 주문 완료.

정정 8,280원

8,280원 X 660주 = 5,464,800원
매수 완료.

3월 21일 급등할 때
대주주 매도가 있었음.

오르든 내리든 빠르게 매도하겠음.

옙, 기다립니다.

이성호

KPX생명과학 08:53

8,390원에 330주 매도 주문.

아, 660주의 절반이군요.

8,460원 X 330주 = 2,791,800원
매도 완료.

나머지 8,990원 매도 주문.

정정 8,530원 09:02

8,530원 X 330주
매도 주문 완료.

체결?

아직.

8,490원 정정 주문. 09:06

8,490원 X 330주 = 2,801,700원
매도 완료.

수익 128,700원

영만이의 투자일지 ④

지난주 23일(금)에 미국과 중국의
관세전쟁이 예고되었다.
덕분에 시장이 폭삭 내려앉았다.
투자자들은 금요일 오후, 토요일, 일요일
복잡한 속앓이를 했을 것이다.

영만이도 초초했지만
'시장이 열리지 않는 날은 불가항력이고
터지면 나만 터지냐, 투자자들 똑같이 터지는
것이니까 결코 외롭지 않다' 라는 깡다구로
청평으로 캠핑을 갔었다.

월요일(26일)

이날 밤 한잔했다. 할 수밖에. ㅎㅎ
아쉽다. 이럴 줄 알았으면 몰빵하는 건데(누구나 하는 말)
어쨌든 1,004,400원 투자해서
306,000원 수익, 그것도 20일 만에!

3월 27일

미·중 무역 전쟁 완화 기대에
5일 만에 코스피 2,450선 회복했으나
자문위원들은 두문불출.
〈3천만원〉 호는 침수 중. 꼴깍꼴깍.

3
천
만
원

3월 28일

하지만 현실은…

28일 미국 증시 부진과 외국인+기관 동반 매도로
1% 넘게 떨어져서 2,410대로 털썩 내려앉았다.

악재가 자주 터지는 요즘,
수익 내기가 여간 어렵지 않다고 한다.
상한가 텔콘을 매도해서
차익을 챙길까 하다가 꾹 참았다.

이성적으로 판단하라

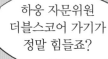

하웅 자문위원 더블스코어 가기가 정말 힘들죠?

그게 아니고 만화에 신경 쓰다 보면 웅이형 계좌가 부실해지니까 시간을 많이 내지 못하는 거죠.

아니야! 난 〈3천만원〉 만화가 최우선이야!

3 천 만 원

사실 요즘은 매매 안 하고 쉬는 것이 최고의 투자방법입니다.

게다가 북미 정상회담이 예정되어 있는데 김정은이 시진핑을 먼저 만났으니 앞으로 호락호락할 것 같지 않아서 당분간 혼란이 계속된다고 봐야죠.

흑흑 하웅 씨 고마워요.

파크시스템스와 신대양제지에
관심이 많은데 어쩌지?

Ch

파크시스템스 좋은 회사지만
현재 주가는 심한 고평가에서 해소 중.

신대양제지 폐지 가격 하락으로 할매 할배들
생활비가 위협받을 정도라는 뉴스.
전체 골판지 호재이나 역시 단기 고평가
송골매 공중 선회. 관망 모드가 좋을 듯.

마크로젠은 시작도 안 한 줄기세포
사업으로 네이처에 오른쪽,
차바이오텍에 왼쪽 뺨을 맞는 느낌.

텔콘이 바디워크, 풋워크가 좋습니다.

ㅎㅎ 슬슬 주식에 빠지는 느낌.

최고의 주식투자는
성장하는 기업 발굴해서
Buy & Hold!
이러면 승률 70%.

명심 !!!

Ch

텔콘은 남은 현금으로
오늘 매수 잘하면 짭짤 짭짤.

16,000원~16,700원 매수.

앗! 텔콘 위에 파란색 글
"변"은 뭐지?

Ch

변동성 완화장치.
거래소에서 2분 거래 정지시켜서
시세 급변을 진정시키는 겁니다.

점심은 볼락구이입니다.
한 점 하시죠?

볼락 얘기 말고
주식 얘기 하자!

텔콘 종가가 어떨지…

왔다 갔다 16,550원↑↓
거래량이 텔콘 정도면 많은 건가?

Ch

조정기에 과한 거래량은 아닌 걸로
보입니다. 5일 선도 지켰고요.
조정 길지 않을 겁니다.

텔콘 변화무쌍한 놈입니다.
도깨비 콘.

3월 29일

Ch

마크로젠 46,400원
5주 추가 매수 주문.

165
이
성
적
으
로
판
단
하
라

현재 46,550원인데
150원이 떨어질까?

Ch

물건이 좋아 보이는데 파는 장사꾼이
내가 원하는 가격에 주지 않을 경우
"그래요? 그럼 관두슈." 하면 되죠.
아님 말고인 거죠.

Ch

어떨 때는 좋은 물건을 가격 무시하고
확 집어야 하는가 하면 어떨 때는
간을 좀 보고, 팔 때도 가격보다는
거래 성사가 중요할 때가 있는가 하면
느긋하게 수익을 기다릴 때도 있죠.
그러니 어려워요.

땅을 살 때도 팔 때도 마찬가지야.
파는 사람은 많이 받고 싶고
사는 사람은 적게 주고 싶고…
어느 한쪽이 양보하지 않으면
성사가 안 되지.

피겨 페어에서 빙글빙글 도는데
남자는 원심력과 구심력을 동시에 느끼겠죠.
투자 게임도 두 힘이 작용한다고 보는데
원심력을 더 크게 자주 많이 느끼면
승률에 불리하다고 봅니다.
팔 때든 살 때든…

Ch

마크로젠
46,700원×5주 매수 주문.

체결 완료.
마크로젠 35주 보유.
평균 단가 48,428원

Ch

현재 계좌 평가금액은?

원금 6,136,903원
현재 6,429,460원
수익 4.76%

Ch

휴, 다행입니다.

한잔하실까요?
번외 교육하면서.

내일 아침 일찍
일본 가야 하니까
오늘은 참아야지.

Ch

제 시장 징크스 중 하나,
콧바람 쐬러 나가면 거의
올랐다는 겁니다.
가끔은 대박성으로…ㅎㅎ

그럼 자주 나갈게. ㅎㅎ

Ch

내일 초급등 기대합니다.

이번 주 이슈

요즘 황사와 미세먼지 때문에
개운치 않은 날들의 연속입니다.

최근 삼성증권 회사가
치명적인 잘못을 저질러서
시장에 악영향을 끼쳤습니다.

이번 사태의 배경과 문제점,
개선점, 공매도는 계속되어야
하는가의 의견을 올려주세요.

VIP자문
최준철

공매도 이슈로까지 확장할 것은
아닌 것 같고요. 실수를
크로스체크하는 시스템 보완이
필요해 보입니다.

증권사에서 팻핑거(Fat Finger)라
부르는 이러한 일이 종종 일어나는데
돈을 다루는 곳이다 보니 실수했을 때
여파가 너무 크네요.

쿼터백
자산운용

네, 공매도는 시장의 균형을 잡아주는
역할도 있어서 공매도 이슈까지
확장할 건 아닌 것 같고, 시스템 보완
이슈로 봐야 할 듯합니다.

팻핑거는 주식시장뿐 아니라
컴퓨터를 다양하게 이용하는
현대사회에서 일어날 수 있는
사건일 겁니다.

사이버 전쟁이 대표적일 수 있고요.
요새 급성장하는 AI를 보면
SF 만화를 생각하지 않을 수 없습니다.

인간이 만들어놓고 도가 넘었을 때
인간이 제어하려 하면 그것들은
이미 방어태세를 스스로 만들 수 있는
능력이 있을 것이므로, 인간의 명령을 듣던
로봇이 강력한 적으로 변해버리는 거죠.

무서워요. 앞으로 15년쯤이면
이건 가상이 아니라 현실일 겁니다.
이번 삼성증권 사건은 예고편입니다.

하웅

있지도 않은 주식을 만들어 실제
매도까지 이뤄진 황당한 사건인데요,
전체 상장주식의 전수조사도
필요하다고 생각될 정도입니다.

이성호

시총 4조도 안 되는 회사가 100조가
넘는 주식을 숫자만 입력해서
발행되었고, 매매가 되었다는 것이
가장 큰 문제입니다.

결과론적으로 금지되어 있는
무차입 공매도랑 다르지 않다는 것이
핵심이고 과연 이런 일이
한 번뿐이었을까, 라는 의심이 생깁니다.

그래서 차라리 공매도를 폐지하자는 말로
발전했죠. 개인적으로 공매도 폐지는
좀 그렇다 치더라도 개인과 기관, 외인이
공평하게 공매도를 할 수 있게
만들어줬으면 좋겠습니다.

시장의 유동성 측면에서 공매도의
순기능들을 이야기하지만 실제로는
개미들이 피해 보는 경우가 많은 것 같습니다.

심리적으로 매수자보다 매도자가
유리하기도 하고요.
조금 더 나아가서 들여다보면
신자유주의가 아니고
민주주의란 약자를 보호하면서
경쟁을 만드는 것인데
약자들이 당하는 경우가 더 많다면
보호해야 하는 것이 당연히 정부의 역할이므로
공매도의 순기능보다 역기능에 중점을 두어
제한을 많이 두는 것이 맞다고 봅니다.

뒤에 언급은 삼성증권 사태와
좀 무관한 것 같습니다. 혼자 맨날
심각하게 받아들여 죄송합니다. ^^

이성적으로 판단하라

월간 누적 수익률 (3월 1일 ~ 3월 30일)

이성호
−4.8

하웅
92.95

쿼터백
2.85

총 평가금액
(수수료 제외)
36,200,269원

VIP자문
최준철
18.7

허영만
7.62

허영만 종합수익률	코스피	코스닥
23.46	1.8	33.92

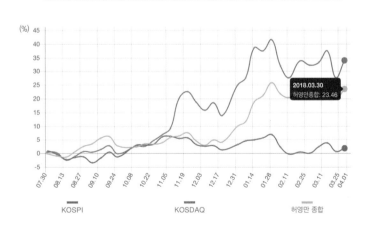

2018.03.30
허영만종합: 23.46

KOSPI   KOSDAQ   허영만 종합

3장

수익보다 손실을
최소화하라

아주 유명한 격언이다.

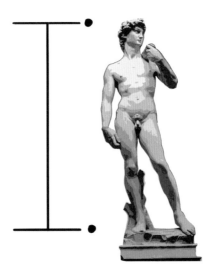

누구나 발바닥에서 매수하고
머리 꼭대기에서 매도해
최대의 수익을 올리고자 한다.

그러나 발바닥과 머리 꼭대기가
어디인지 언제인지 알 수 없다.
이걸 알면 신보다 한 수 위다.

좀 더 내리면 사야지 하고 기다리다가
값이 올랐다고 사지 않는다.

운 좋게 바닥에서 사고
계속 오를 것처럼 보여 팔지 않다가
천정을 놓쳐버린다.

주가가 완전히 바닥을 치고
돌아선 것을 확인한 다음에 사고(무릎)
크게 올라 천정을 치고 내리기 시작할 때
과감하게 팔아야 한다(어깨).

흥! 그걸 알았으면
내 꼴이 이렇겠어?

김치냉장고

혹, 운 좋게 발바닥에 사서
머리 꼭대기에 팔았다 치자.

이것은 빨리 잊어라.

그런 요행을 계속 바라고 투자한다면
결국 큰 손해를 보고
주식시장을 떠나게 될 것이다.

수익보다 손실을 최소화하라

투자자들의 관심 밖에 방치되어 있는 종목을
미리 사놓고 기다리는 방법이다.
계절주도 같은 종류이다.

가장 쉽고 크게 벌 수 있는 투자방법이다.

허나 대부분의 투자자들은
인기주만 따라 다닌다.
그래서 밀짚모자는 매력 있다.

바닥이 보이는 살얼음판을 건너라

초봄이다. 추위는 가고
샛강의 얼음이 얇아질 때이다.

수익보다 손실을 최소화하라

강바닥이 보이면 얼음이 깨져도
발목이나 무릎까지밖에 물에 젖지 않는다.
죽지 않는다.

주도주를 중심으로
확실한 지지대가 확인되면
약간의 손실을 감수하더라도
과감히 매수해볼 필요가 있다.

다만 얼음이 깨지면 빠른 손절매는 필수다.

종목 매매 들어갑니다.
4월 2일(월) ~ 4월 6일(금)

4월 2일(월)

이성호

바이오톡스텍

전액 매수.

19,050원 X 290주 = 5,524,500원
매수 완료.

바이오톡스텍은?
의약품 · 식품 · 화장품 · 화학물질 · 농약 등 신물질(신약) 개발 과정의 비임상연구를 주 사업으로 하는 연구개발 업체.

- 최대주주 : 강종구 외 16.27%
- 주요주주 : 셀트리온 11.25%

바이오톡스텍   15:48

장후 시간외 거래 매도 주문.

내일 위험할 것 같은 예감.

18,850원 X 290주 = 5,466,500원
매도 완료.

손실 58,000원

4월 3일(화)

이성호

미래생명자원

5,080원 600주 매수 주문.

5,050원 X 600주 = 3,030,000원
매수 완료.

나머지 금액

5,020원 전체 매수 주문.

5,020원 X 480주 = 2,409,600원
매수 완료.

미래생명자원은?

기업 인수 목적회사(SPAC) 하나머스트 5호 스팩이 동물용 사료 및 조제 식품 제조업체 (주)미래자원엠엘을 흡수 합병함에 따라 변경 상장.
단미사료(기능성 원료·특수가공 원료) 및 보조사료(기능성 첨가제) 등을 생산하는 사료 부문(동물자원 사업 부문)을 주력으로 사업. 기능성식품(오렌지에그 등)의 제조 및 유통을 영위하는 식품유통사업(생명자원사업 부문)도 영위.
동물의약품 및 건강기능식품 사업을 신규 사업으로 추진.

• 최대주주 : 김성진 외 66.67%

미래생명자원

5,140원 전체 매도 주문.

5,140원 X 1,080원 = 5,551,200원
매도 완료.

수익 111,600원

시장 상황 보고 재매수하든가
다른 거 찾아볼게요.

허영만

아진엑스텍

15,000원에 40주 매수.

뭘 보고?

감 왔어!

단감? 홍시? 대봉?

빨질!
*빨질: 빨리 질러

15,000원 X 40주 = 600,000원
매수 완료.

아진엑스텍 113주 보유.

다른 건 괜찮은데 제일 많이 투자한
마크로젠에서 손실이 났다.

매수 평균 단가 49,000원 35주 보유.

현재 46,450원 총 89,250원 손실.

매도 기회가 언제냐?

어? 마크로젠 47,150원 상승 중?
종가 48,100원! 매도 보류!

텔콘

15,400원에 35주 매수.

또?

털어먹고
이민 가려고?

뭐든지 막 시작하면
영혼이 맑아서 잘 된대.

믿을 걸 믿어야지. 쩝.

15,400원 X 35주 = 539,000원
매수 완료.

흐흐, 한 시간 후 200원 UP!
15,600원!

한 시간에 200원 오르면
열 시간에는 2,000원…
백 시간이면 20,000원

계산하는 꼴 좀 보라지.

매매 1개월 후
현재 성적 +3.72%
10개월 후면 37.2%

어쭈 어쭈.

4월 4일(수)

허영만

한화테크윈

전량 매도.

무슨 정보 얻었어?

28,350원 X 20주 = 567,000원
매도 완료.

손실 33,000원

대한항공

35,650원에 15주 매수.

35,650원 X 15주 = 534,750원
매수 완료.

한화테크윈은 너무 움직이지 않고
북한의 움직임에 따라 방위산업이
출렁댈 수 있으니 불확실한 곳에
두는 것이 바람직하지 않아서 매도.

대한항공은 중국의 사드 보복이
끝날 조짐이 보여서 기대됨.
항공사들의 매출액, 영업이익액이
높아서 시장 기대치에 부합.

1) 구조적인 출국수요 강세.
2) 중국인을 중심으로 입국수요 회복.
3) 원화 강세.

어디서 베낀 것 아니야?

이해가 간다면 됐어.

4월 5일(목)

이성호

우수AMS 08:51

3,725원 전체 매수 주문.

08:59 3,725원 X 1,491주
매수 주문 완료.

시초에 저점을
예상보다 덜 줬네요. 09:19

매수 취소.

취소 완료.

하웅

애경산업

42,600원 80주 매수.

300원 디스카운트해서
42,300원 X 80주 = 3,384,000원
매수 완료.

매수 가능 금액?

2,848,007원

애경산업

43,600원 모두 매수.

또 600원 디스카운트해서
43,000원 X 65주 = 2,795,000원
매수 완료.

평균 단가와 총 수량?

42,613원, 145주.

애경산업은?

애경그룹 계열의 생활용품(샴푸 · 치약 · 세제 · 주
방품 등) 및 화장품 제조업체.

· 최대주주 : AK홀딩스(주) 외 62.83%

 **쿼터백
자산운용**

안녕하십니까? 14:35

쿼터백입니다.

아이구 웰컴.

금월 종목 교체 등 포트폴리오
변화가 크게 발생하여
변경내역 정리자료 보냅니다.

장 마감까지 시간이 많지 않고 변화가 큰 까닭에 금일 장중에 끝내시기 바랍니다.

종목명 코드	종목명	기존 목표 비율	변경 목표 비율	비율 변화	필요 매매 수량
195970	ARIRANG 선진국 (합성 H)	9.3	8.4	−0.9	5주 매도
195980	ARIRANG 신흥국MSCI (합성 H)	3.0	4.7	1.7	9주 매수
195920	TIGER 일본TOPIX (합성 H)	5.0	0.0	−5.0	전량 매도
195930	TIGER 유로스탁스50 (합성)	9.7	0.0	−9.7	전량 매도
143850	TIGER S&P500선물 (H)	35.6	33.5	−2.1	4주 매도
099140	KODEX China H	4.0	0.0	−4.0	전량 매도
174360	KB KBSTAR 중국본토대형주 CSI100	4.0	0.0	−4.0	전량 매도
530024	삼성 인도 Nifty50 선물 ETN (H)	4.0	0.0	−4.0	전량 매도
069500	KODEX 200	3.0	0.0	−3.0	전량 매도
114260	KODEX 국고채3년	6.0	0.0	−6.0	전량 매도
136340	KBSTAR 중기우량회사채	4.7	0.0	−4.7	전량 매도
520012	미래에셋대우 미래에셋 호주AS200 ETN	4.6	0.0	−4.6	전량 매도
132030	KODEX 골드선물 (H)	0.0	9.5	9.5	60주 매수
217790	TIGER 가격조정	0.0	3.3	3.3	7주 매수
245710	KINDEX 베트남VN30	0.0	3.3	3.3	13주 매수
251350	KODEX 선진국 MSCI World	0.0	3.3	3.3	17주 매수
253990	TIGER 대만 TAIEX선물 (H)	0.0	3.3	3.3	16주 매수
263190	ARIRANG 단기우량채권	0.0	19.0	19.0	23주 매수
265690	KINDEX 러시아 MSCI (합성)	0.0	3.3	3.3	9주 매수
275980	TIGER 글로벌4차산업혁신기술 (합성)	0.0	3.3	3.3	19주 매수

헉헉헉.

하웅

애경산업

65주 매도.

45,600원 X 65주 = 2,964,000원
매도 완료.

애경산업

나머지 매도.

46,050원 X 80주 = 3,684,000원
매도 완료.

수익 469,000원

총 평가금액은?

11,715,648원입니다.

290,000원 추가되면
더블스코어!
파이팅합시다!

영만이의 투자일지 ⑤

 Ch

> 텔콘 비보존 2b 임상 종료
> 뉴스로 반등 중.

> 26일 상한가 맞은 것
> 채우려면 아직 멀었어.

> 보유주 중 한화테크윈
> (영만 자발적 투자 종목)과
> 마크로젠(ch 권유 종목) 팔까?

> 한화테크윈은
> 28,000원~29,000원에서
> 2월 26일 30,000원에 사서
> 1개월 지났는데 꼼짝 않고
> 마크로젠도 지금 손해 보고 있는 중.

 Ch

> 차익 실현할 때도 있고 가는 걸
> 더 사야 할 때도 있습니다.
> 지금은 가는 걸 더 사지 않아도
> 쥐고 있자는 거죠.
> 한화테크윈을 정리하시죠.

수익보다 손실을 최소화하라

좀 더 두고 보지.

(심리적으로 내가 뽑은 종목으로
수익을 내고 싶은 것이다.)

(다만 한화테크윈은 방위산업체이기
때문에 한·북·미·중의 영향을 받기 쉽다.
해빙무드면 더 내릴 수 있고 분위기가
더 날카로워지면 오를 수 있다.
하지만 오를 것을 낙관하고 있다.
지금껏 지구상에 오롯이 평화만
있었던 때가 없었지 않은가?)

영만이의 투자일지 ⑥

요즘 이성호 씨 매매를 보면
어슴푸레 감이 와요.
치고 빠진다는 말이 딱 맞아요.
깊숙이 오래 넣지 않고
즉각 반응하는 거죠.

감이 완성되면 나도 해봐야겠어요.
재미있어요.

이성호

보통 단타는 반나절 이상
안 들고 갑니다.

한 종목 들어가면 그 종목에서
5~10% 수익을 보는 것이 아니고
여러 종목에서 2~3%씩이라도
자주 긁어모으면 목표치에
올라간다는 것인데, 중요한 건
적당한 종목을 고르는 촉을
만드는 시간이 오래 걸릴 듯해요.

원래 단기 투자도 목표 수익이
10% 아니면 매수 안 하는데
갈수록 호가 띄기처럼 변해가네요.

1~2% 수익 내다가 10%짜리가
세 번에 한 번 정도는 끼어야 맞거든요.
그래야 예전 수익 수준이 되는 건데…
오늘 산 종목이 바이오톡스텍처럼
바로 12% 정도 올랐다가 밀려야
7~10% 정도 수익 내고 바로 팔 텐데
이상하게 그런 종목이 너무 안 걸려요.

성호 씨 요즘 개인 성적은 어때요?

평균 월 25% 정도요.

와!

저도 다시 몇 년 전처럼
평균 수익률이 50~100% 이상
될 거라고 기대합니다.
16년간 주식에 묻혀 살면서도
뭔가 아직 미완성으로 느껴져요.

매매에는 단기, 중기, 장기 투자가 있고
그걸 다른 관점에서 보면
고점, 중점, 저점 매매가 있는데요,
몇 년 전에는 한 포지션으로 운영했는데
지금은 모든 포지션(고점, 중점, 저점)에 걸쳐서
매매가 어중간하게 반복되고 있어요.
이걸 완성하는 것이 제 숙제입니다.

주식 매매는 참 어려워요.
만화 스토리는 내가 원하는 대로
끌고 갈 수 있는데 주식은
내 의도와는 상관없이 제멋대로
결과를 만드니까요.ㅎㅎ

40
바퀴벌레 한 마리를 조심하라

3
천
만
원

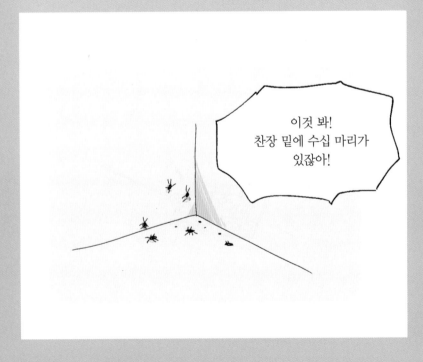

대표적인 기업의 실적 발표는
해당 업종의 단기 전망과 직결되는 경우가 많다.

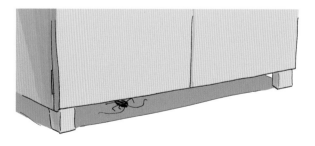

대표 기업의 부도나 외부감사, 회계법인의
부정적 감사 의견, 대주주의 모럴 해저드 등이
문제가 되면 시장에 악영향을 끼친다.

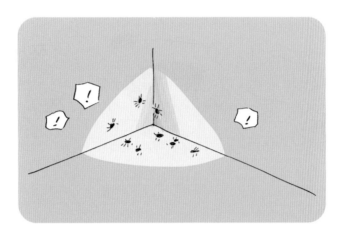

3 천만 원

기업의 호재나 악재가 동종업체 또는
시장 전반에 미치는 영향에 촉각을 세우자.

바닥은 깊고 천정은 얕다

주식 시세의 일반적인 패턴이다.
바닥 기간이 길고 상승 기간은 매우 짧다.

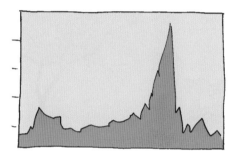

수익보다 손실을 최소화하라

주가가 급등하는 천정권의 시세는
짧은 기간이고 그 후 또다시 기나긴
하락 기간으로 들어가는 것이 일반적이다.

천정권에 머무는 시간이 짧기 때문에
머뭇거리다가 팔 기회를 놓치지 말라는 격언이다.

반락이 얕으면 큰 시세가 온다

시세는 수요와 공급에 의해서 결정된다.

이거 살래?　　　　　　　　안 사.

싸게 줄게.

필요 없다니까!

반값도 싫어?

반값이면…
살까?

가만 생각해보니
내가 갖는 게 좋겠어.

살게!
산다니까!

그러면
원가 다 내놔.

끄응~

수
익
보
다

손
실
을

최
소
화
하
라

허나 공급보다는 수요의 크기 여하에 따라
시세가 만들어진다. 경매시장과 같다.

조정 국면에서 오르던 주가가
내려가는 골이 얕으면
대기 매수세가 강하다는 증거이다.

반대로 크게 올랐다가
급격히 떨어지는 골이 깊으면
매수세가 약하다는 증거이므로
반등시세는 기대하기 어렵다.

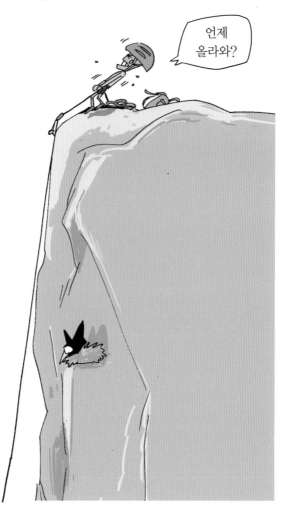

수익보다 손실을 최소화하라

종목 매매 들어갑니다.
4월 9일(월) ～ 4월 13일(금)

4월 9일(월)

．．．．．．．．．．．．

4월 10일(화)

 이성호

엘컴텍 08:54

2,510원 300만원 매수.

2,510원 X 1,200주
매수 주문 완료.

2,535원 정정 주문.
1,000주만. 09:12

정정 주문 완료.

2,550원 풀 매수. 09:35

2,550원 X 2,179주 = 5,556,450원
매수 완료.

2,565원 전체 매도 주문. 10:56

2,565원 X 2179주 = 5,589,135원
매도 완료.

수익 32,685원

캔서롭 14:46

62,000원 43주

매수 주문.

62,000원 X 43주
매수 주문 완료.

캔서롭 15:01

62,500원 48주 정정 주문.

62,500원 X 48주 = 3,000,000원
매수 완료.

캔서롭은?

마크로젠 계열사로 분자진단 사업(유전자 진단)
과 바이오시약 사업체. 분자진단 제품으로는
DNA 칩 제품(유전체 분석에 사용)과 PCR 제품
(감염성 질병 및 유전질환 검사 등에 사용)이 있으며
바이오시약 제품은 주로 분자진단에 사용되는
진단 시약, 생물학 연구에 사용되는 각종 효소
및 실험 시약 등이 있음.

• 최대주주 : 명지글로벌바이오조합 20.63%

KPX생명과학 15:15

160주 시장가 매수.

9,160원 X 160주 = 1,465,600원
매수 완료.

내일 오전에 빠른
손절할 수도 있는 종목임. 15:17

그래서 소량만 매수했음.

장이 불안해서 오래 홀딩하고
있는 것은 위험해 보임. 17:14

KPX생명과학

시간외 단일가
전량 9,220원 매도 주문.

9,250원 X 160주 = 1,480,000원
매도 완료.

수익 14,400원

하웅

OCI

35주 매수.

시장가로 매수해서
31주 주문 가능합니다.

161,500원 X 31주 = 5,006,500원
매수 완료.

잔고가 있는데 추가 매수할까요?

옙.

161,500원 X 10주 = 1,615,000원
매수 완료.

4월 11일(수)

이성호

캔서롭   08:40

68,900원 매도 주문.

08:51 68,900원 X 48주
매도 주문 완료.

09:35 시장가와 차이가 나서
아직 매도 체결 안 되었음.

넵, 오르지 않네요.

단기 바닥에 있는 종목들
움직임이 그래요.
오를 듯… 말 듯…

조금만 지켜보고 하락 기미가
있으면 손절할게요.

63,800원 정정 주문. 09:44

옙.

63,300원 정정 주문. 09:45

63,379원 X 48주 = 3,042,192원
매도 완료.

수익 42,192원

제약 바이오 순환매가 계속되지만
전체적으로 조정할 수 있고
시장도 아직 불안해서 한동안
최대한 짧은 매매만 하겠음.

미래생명자원   15:12

5,000원 500주 매수.

엡.

매수 취소.   15:22

엡.

하웅

OCI

매도.

167,500원 X 41주 = 6,867,500원
매도 완료.

수익 246,000원

총 평가금액은?

7개월만에 흑흑
하웅씨 고마워요~~

이 사실이 알려지자 각계각층에서 축하 문자가 쇄도,
전산망이 다운됐다고 한다. (어느 전산망?)
이 환희도 잠시, 하웅 씨는 곧바로 매도에 나섰다.

호텔신라

105,000원 매도.

105,000원 X 50주 = 5,250,000원
매도 완료.

수익 660,000원

4월 12일(목)

이성호

앱클론   08:55

68,100원 44주 매수 주문.

옙.

(이성호 씨는 항상
시장 오픈 전에 주문을 시작한다.)

09:04   68,100원 X 44주 = 2,996,400원
매수 완료.

앱클론   09:39

65,900원 전체 매도 주문.

옙. 주문 완료.

체결?

3주만 체결되었음.

65,900원 X 3주 = 197,700원
매도 완료.

잔량 65,300원 정정 주문. 09:49

주문 완료.

시장가 정정 주문. 09:52

옙.

64,300원 X 41주 = 2,636,300원
매도 완료.

손실 162,400원

숨가쁘게 진행됐으나
결국 손실로…

하웅

애경산업 13:26

150주 매수.

43,850원 X 150주 = 6,577,500원
매수 완료.

애경산업 매도. 14:17

앗! 50분 만에 매도로!

43,239원 X 150주 = 6,485,850원
매도 완료.

손실 91,650원

4월 13일(금)

이성호

서산   08:54

4,710원 전체 매수.

4,710원 X 1,144주 = 5,388,240원
매수 완료.

서산   09:20

4,990원 전량 매도 주문.

매도 주문 완료.

4,880원 정정 주문.   14:24

4,880원 X 1,144주 = 5,582,720원
매도 완료.

수익 194,480원

하웅

애경산업

150주 재매수.

43,901원 X 150주 = 6,585,150원
매수 완료.

1개월 전에 주셨던 종목
파크시스템스와 신대양제지가
우물쭈물 떡 주무르는 사이에
겁나게 올라버렸네요.
멍청이가 주는 떡도 못 먹어요.

B

파크시스템스 약세장에서
그나마 선전 중.

결혼 며칠 안 됐는데
주식 쳐다보지 말고
신부 얼굴이나 쳐다봐.

B

ㅎㅎ

메가스터디는 추천할 때
20주 샀는데 널뛰고 있어요.♬

P

메가스터디 교육은 실적이 확인되면서
재평가를 기대했는데 최근 가파른 상승은
수능에서 정시 비중이 확대된다는
이슈도 한몫한 것 같습니다.

고마워요.
찔끔 산 것이 후회돼요.

P

주가가 의미 있게 상승하려면 단순히
싸다는 것보다 결국 성장할 것이라는
이유나 모멘텀이 있어야 하는 것 같습니다.

최근 분리수거물을 안 가져간다고 해서
폐기물 업체들이 죄다 상승한 것처럼요.
중국이 환경규제를 강화하면서 분리수거물
수입을 줄이니까 고지 가격이 떨어지고,
그래서 골판지 관련주는 날라가고,
폐기물 업체 주가까지, 무슨 나비 효과 같죠.

저도 부족한 부분인데 정부 정책과
산업의 변화 등을 잘 읽어내는 것이
중요한 것 같습니다.
주식공부에 도움이 될까
한마디 했습니다.

한마디 한마디가 보약입니다.
가뜩이나 숫자에 약한데
주식에 신경 쓰면서
머리가 뽀개지는 것 같습니다.
탈모도 당연하고요.

그런 반면 의도대로
된다 싶으면 재미가 있네요.
치매 방지에 도움이 되겠어요.
대한민국 노인네들 주식 공부합시다.

저는 중국의 환경 규제로
tbi 가성소다 가격이 급등하고 있어서
한화케미칼 샀는데 잘 안 가요~

선수도 이럴 때가 있으니
나 같은 초짜는 칼도 빼기 전에
이 꼴 납니다.

이번 주 이슈

며칠 전 남북회담이 성공적으로 끝나서
경협주 시장이 요동치고 있습니다.
전망이 어떤지 의견주세요.

하웅

누구나 인정하는 대형 이슈라, 회담이 끝나
재료 소멸로 제한적인 대북 수혜주 상승을
예상했으나, 예상을 뒤엎고
오늘도 급등이 나왔네요.
기존 주도주인 바이오주는 차익 매물 출현.

대북 수혜주 편입은 지금은 늦은 타이밍이라
매매 포트폴리오 짜기가 너무 어려운 장입니다.

단기 편입 못한 선택으로 관망…

전체 주식시장에 코리아 디스카운트 해소의
기회로 작용하길 바랍니다.

VIP자문
최준철

저한테는 '그들만의 리그'에 대해 평하라는
질문 같은데요. 바이오에서 경협주로
순식간에 넘어가는 걸 보면서 테마를 죽이는 건
또 다른 섹시한 테마구나 하는
생각이 들었습니다.

북미회담까지 또 고비가 남았지만
평화의 분위기는 대한민국 주식시장의
디스카운트를 해소하는 데 큰 도움이 될 것입니다.
그리고 굴뚝주에 대한 관심이 좀 더 늘어나는
계기가 되지 않을까 합니다.

쿼터백
자산운용

최근 이익 관점에서는 타 국가와 비교해서
한국의 이익 모멘텀이 둔화된 것은 사실이나
이러한 부분을 중장기적 관점에서
상쇄할 수 있는 이벤트라 생각됩니다.

앞으로의 협상도 원만히 이루어진다면
코리아 디스카운트 해소와 함께 타 국가 대비
매력도가 올라갈 수 있는 구간인 듯합니다.

이성호

코리아 디스카운트 해소는 가능하겠으나
실질적인 경제에 바로 영향을 줄 수 있는
요소라 보기 힘들고, 중장기적인 관점에서는
협상이 잘 이루어진다는 전제하에 긍정적인
영향을 줄 수 있는 요소로 보입니다.

그러나 증시가 글로벌화되어 있기 때문에
미국·중국 등의 경제가 침체되거나 금리 인상,
무역전쟁 등 대외 악재가 커진다면
한국 증시만 상승하기는 힘들기 때문에
남북관계만으로 증시가 좌지우지되지는
않을 겁니다.
세계 증시가 중장기적 관점에서는 아직은
상승추세이나, 많이 오른 상태이므로
한 번 더 큰 시세가 나오느냐 아니면
하락 추세 전환이냐 하는 갈림길에
있으므로 주의가 요구되는 때입니다.

41
사슴을 쫓을 때 토끼는 보지 마라

쿠콰콰콰

승호랑 기순이가
준비한댔지?

응. 화이트 와인이랑
털게랑…

큰 시세를 두고 작은 시세에 눈 돌리지 마라.
큰 차익이 예상되는 시점에서
매수를 주저해 기회를 놓치거나
끈기를 가지고 버텨야 할 시점에서
주변의 작은 시세에 현혹돼 갈아탔다가
고전하는 경우가 많다.

수익보다 손실을 최소화하라

소문에 사고 뉴스에 팔아라

유명한 격언이다.
재료의 소문이 돌기 시작하면
이미 주가에 반영되었다고 보면 맞다.

옆집 엄마가
어제 1,200원에
샀다던데…

그건 어제고
오늘은 1,500원
입니다.

공식적으로 발표가 되면 재료로서의 역할은 없어지고
주가는 오히려 하락하는 경우가 많다.

뉴스 보고
달려왔는데요.

장사 끝났어요.

손절매 잘하는 사람이 주식 9단

사는 것보다 파는 것이 어렵다.

이러다가 세월 다 간다.

주식투자의 타짜들도
마냥 투자에 성공하는 것이 아니다.

그러나 이 바닥에서 타짜로 공인받고 살아남은 이유는
실패에 대한 대처방법이 확실하기 때문이다.

수익보다 손실을 최소화하라

잘못된 투자인 줄 알면서도 묶어놓고 있으면
새로운 투자 기회도 사라진다.

주식투자에서 중요한 것은
수익의 극대화보다는 손실의 최소화다.

수익보다 손실을 최소화하라

종목 매매 들어갑니다.
4월 16일(월) ~ 4월 20일(금)

4월 16일(월)

이성호

인피니트헬스케어 08:58

9,550원 520주
매수 주문.

09:13 9,550원 X 520주 = 4,966,000원
매수 완료.

9,640원 220주 매도 주문. 09:13

잠시 보류. 09:15

전체 10,400원 매도 주문 후
차후 정정 주문할게요. 09:25

10,400원 X 520주
매도 주문 완료.

전체 9,940원 정정 주문. 09:32

9,940원 X 520주
정정 주문 완료.

전체 9,780원 정정 주문. 09:44

09:46 인피니트헬스케어

9,780원 X 520주 = 5,085,600원
매도 완료.

수익 119,600원

한 시간도 안 돼서
수익 119,600원

열 시간 후면 1,196,000원

백 시간 후면 11,960,000원

3 천 만 원

인피니트헬스케어는?

솔본그룹 계열의 PACS(의료영상 저장 전송 시스
템) 솔루션을 개발 · 서비스하는 전문업체.
PACS · 클라우드 PACS 서비스 · 3차원 통합 워
크스테이션 · 방사선 정보시스템 · 임상검사 정
보시스템 · 원격판독 등의 서비스를 개발 · 제공.

• 최대주주 : (주)솔본 외 45.46%

하웅

에이치엘비

98,500원
남은 금액 전액 매수.

98,000원 X 54주 = 5,292,000원
매수 완료.

에이치엘비는?
합성수지선 건조업 · 구명정 · GRP 파이프 제조 등의 복합소재 사업체. 코스닥 상장사 에이치엘비 생명과학과 에이치엘비 파워를 비롯해 바이오 인공 간 보조 시스템 개발 및 줄기세포치료제 개발업체 라이프리버 · 제대혈 은행 업체 라이프코드 지분 보유.

• 최대주주 : 진양곤 외 17.02%

4월 17일(화)

이성호

네오위즈 08:54

19,150원 260주
매수 주문.

09:09　19,150원 X 260주 = 4,979,000원
매수 완료.

19,200원 매도 주문.　09:17

매도 주문 완료.

19,000원 정정 주문.

정정 완료.

매도 취소.　09:29

취소 완료.

네오위즈　10:41

전량 18,750원 매도 주문.

주문 완료.

체결 안 되었으면
18,700원으로 정정.　10:43

18,650원 X 260주 = 4,849,000원
매도 완료.

손실 130,000원

국동 15:12

4,850원 전체 매수 주문.

매수 주문 완료.

4,845원이었는데 톡 보내고
바로 누가 매수해갔어요.
내일 아침에 조금만 수익 내고
팔 참이었는데 취소입니다.

하웅 씨 매매를 보면
쉬워 보였다가
이성호 씨 매매를 보면
어렵구나 생각돼요.

나는 자주 매매할 작정이었는데
놔두면 더 오를 것 같고, 내린 걸 팔면
다시 오를 것 같고…
주저주저하다가 타이밍을 놓치네요.

처음에 계좌 만들고는 하루 종일 시세만 보고 있었는데 지금은 가급적 안 보려고 노력 중입니다. 매일 매매는 전업투자자가 아니면 못 헐 일이네요.

하웅

에이치엘비

전량 매도.

96,200원 X 54주 = 5,194,800원
매도 완료.

손실 97,200원

4월 18일(수)

이성호

유유제약   08:50

18,200원
전체 매수 주문.

18,200원 X 300주 = 5,460,000원
매수 완료.

유유제약 13:21

17,950원 매도.

17,950원 X 300주 = 5,385,000원
매도 완료.

손실 75,000원

4월 19일(목)

......

4월 20일(금)

하웅

고영

모두 매수.

102,468원 X 51주 = 5,225,868원
매수 완료.

허영만

......

등장했으면 말을 해야지!

마크로젠

43,750원 매도 주문.

43,750원 X 35주 = 1,531,250원
매도 완료.

손실 183,750원

고영은?

전자제품 및 반도체 생산용 검사장비 제조업체.
(3차원 정밀측정 검사 기술 보유)
주요 제품 : 3D SPI 장비(전자제품 조립 공정에서
정상 도포 여부를 검사해 공정 불량을 감소시키는 장
비)와 3D AOI 장비(전자제품 조립 공정 중 최종 검
사 장비로 기존 2D 검사를 3D로 대체하는 장비) 등.
3D SPI의 경우 세계 시장 점유율 1위.

• 최대주주 : (주)고영홀딩스 외 18.01%

영만이의 투자일지 ⑧

마크로젠은 3회에 걸쳐 매수해서
계좌 중 최대 투자종목이었으나
야곰야곰 하락하더니
회복 기미가 안 보여 매도하고 말았다.
손실이 크지만 교훈은 값졌다. 흑흑.

더 두고 볼 수도 있었지만
독자들은 계좌의 변화를 원하고 있다.
만화의 역동성을 감안해서 정리하고
다른 종목을 찾기로 했다.

보유종목 중 아진엑스텍과 메가스터디가
선방하고 있으니까 나쁜 것만은 아니다.

남북회담, 북미회담이 곧 열릴 것인데
분위기가 나쁜 것 같지 않다.

지금까지 보도를 보면 북은 체제 안정을
보장받기를 원하고 있다.
미국과 영국, 프랑스가 시리아를 폭격한 것이
남의 일이 아니라고 판단했을 것이다.

단, 중국의 사드 보복 철회 약속 이행이
더뎌지고 있어서 중국 쪽 수혜는 요원해 보인다.

자~~! 어떤 종목이냐!

4월 2일 현재 영만 계좌

• 원금 6,136,903원
• 현재 6,200,750원(주식+잔고)
• 수익률 1.04%

42
손해 보고 있는 종목부터 팔아라

초보 투자자들은 이익 나는 종목을
못 팔아서 안달이다.

진득하지 못한 행동을 몇 번 하고 나면
손해 난 종목만 남아 있다.

상승세인 종목은 오르도록 놔두고
하락세의 종목부터 팔아라.
그러면 상승 종목만 남을 것이다.

이론은
간단한데…

수익보다 손실을 최소화하라

수요와 공급은 시세를 결정한다

재료는 30%만 주가에 영향을 주고
나머지 70%는 수요와 공급이 주가를 결정한다.

풍부한 자금이 주식시장으로 몰려올 때는
어떠한 악재에도 주가는 오르고

증자 등으로 주식 물량이 과다한 상태에서는
어떠한 호재나 부양책에도 주가는 하락한다.

승부는 여유 있게 즐겨라

사냥한 음식을 혼자 다 먹으려고 하면
소화불량에 걸린다.

나머지를 다 먹기 위해서 목숨을 걸지 말라.

으르르르

싸움이 생기기 전에 빠져나오는 것이 좋다.
70%만 먹고 30%는 남겨둬라.
인생이 여유로워진다.

10% 미만의 승률에 집착하지 마라.
사자 꼴 동네 강아지 된다.

미남 주식을 찾아라

미남 주식은 건강하고 사람을 끌어당기는
매력과 인기가 있는 주식을 말한다.

주식투자는 미남을 잘 선택해야 한다.

그 미남은 그 시대에 잘 맞아야 한다.

미남이 아닌 주식은 인기를 얻지 못한다.

오를 것이라고 산 미남 주식이
좀처럼 오르지 않는 이유는
대중이 미남이라고 생각하는 주식이
아니기 때문이다.

천정에 산 경우를 제외하고
미남 주식은 기세 좋게 쭉쭉 올라간다.

종목 매매 들어갑니다.
4월 23일(월) ~ 4월 27일(금)

4월 23일(월)

......

4월 24일(화)

......

4월 25일(수)

......

4월 26일(목)

 허영만

신라젠

150만원 매수.

왜 신라젠이냐?

신라의 달밤에 술 한잔 하고 싶다.
좋아 보이지 않냐?

???

86,000원 X 18주 = 1,548,000원
매수 완료.

대한항공

매도.

중국의 사드 보복이
끝난 것으로
착각하고 있었어.

34,200원 X 15주 = 513,000원
매도 완료.

손실 21,750원

하웅

고영

매도.

96,800원 X 51주 = 4,936,800원
매도 완료.

손실 289,119원

테라젠이텍스

남은 금액 21,000원 매수.

20,750원 X 234주 = 4,855,500원
매수 완료.

4월 27일(금)

……

최초로 계좌 개설을 하고
2월 26일에 한화테크윈을 30,000원에 20주
매수했다가 4월 5일 28,350원에 매도했다.

매수한 가격이 하필이면 제일 비쌀 때였나 보다.
그 뒤로 30,000원 밑으로 계속 헤매다가
더 가망이 없어 보여서 매도했는데
지금 보면 아주 잘했다. 오늘(4월 26일)
시가는 25,600원, 계속 들고 있었다간
손실 폭이 넓어졌을 것이다.

저점일 거라고 판단한 것까지는 좋았는데
남 · 북 · 미의 평화 분위기 팽창 때문에
방위산업이 움직이지 않은 것이다.
4월 20일에 매도한 마크로젠도
현재 42,850원이다.
43,750원에 매도했으니까 손실이 더 클 뻔했다.

한화테크윈과 마크로젠을 매도했다.
공부할 때 "매수보다 매도가 어렵다"
라고 했는데 이건 잘한다. ㅎㅎ

수익이 나는 종목을 건져야 하는데…

요새 만화 그리랴 주식 시세 보랴
텃밭 가꾸랴 바쁜데
주식 종목 찾아
수익 내는 것이 제일 어렵네~

텃밭에 씨 뿌리고 거두는 것이
주식으로 치면 가치투자지.

그것도 1년에 한 번 심는 것이 있고
두 번 심는 것도 있으니까
날짜 잘 맞춰서 뿌려야 하고
장마나 가뭄도 있으니까 변수가 많다.

농부는 심고 가꿀 뿐 농사는 하늘이
지어준다는 얘기가 있다.
주식농부 박영옥 씨는 농사를 짓듯
주식투자를 해야 한다고 강조한다.

수익보다 손실을 최소화하라

월간 누적 수익률 (4월 1일 ~ 4월 30일)

이성호
−5.34

허영만
−0.53

하웅
101.8

VIP자문
최준철
21.41

쿼터백
2.86

총 평가금액
(수수료 제외)
35,989,498원

허영만 종합수익률	코스피	코스닥
24.04	4.69	34.66

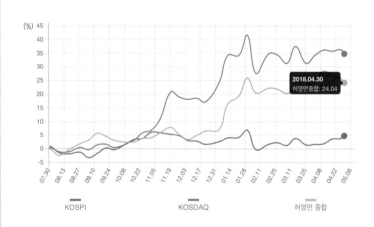

2018.04.30
허영만종합: 24.04

KOSPI   KOSDAQ   허영만 종합

《허영만의 3천만원》
실제 주식투자 내역 확인하기

허영만 리얼 주식 웹툰 〈3천만원〉의 상세 매매내역 및 수익률을 네이버 모바일에서 확인해보세요.

네이버 모바일 증권 홈 〉 투자정보 〉 삼성증권에서 자문단의 보유 종목과 수익 현황, 매매내역 등을 모두 실제 데이터로 확인하실 수 있습니다. (PC에서는 확인 불가)

네이버 증권(금융) 검색을 하시거나 아래 QR 코드로 바로 접속 가능!!
(거래 데이터는 웹툰 연재 기준인 2주 지연 공개)

QR코드 찍어서 실제 주식투자 내역 확인하세요.

QR 코드 접속 시
아래 페이지 연결

| 네이버 모바일 증권(금융) 홈 http://m.stock.naver.com | 투자정보 – 삼성증권 클릭 |

허영만 종합 수익률

종합 상세 & 자문단 수익률

N 증권 MY

종목명 또는 종목코드 🔍

홈 국내 해외 시장지표 뉴스 **투자정보**

리포트&칼럼 **삼성증권** 대신증권

삼성증권에서 직접 제공하는 투자정보입니다.

만화가 허영만의 종합 수익률 ⑦

총 평가금액 ⑦	35,806,007원	**23.52%**
누적 수익금	7,057,070원	

-6.25%	+105.27%
႙ 허영만	႙ 하웅

수익률 자세히 보기 〉

← 종합현황 ∨

허영만의 3천만원 투자스토리 ⑦   05.04 기준(2주지연)

[잔고현황]

총 평가금액 ⑦			35,806,007
주식 평가금액	29,404,415	현금잔고	6,401,592
주식 매수금액	28,544,377	주식 평가손익	860,038

[수익현황]

누적 수익금 ⑦	7,057,070	누적 수익률 ⑦	23.52%
주간 수익률 ⑦	-1.78%	주간 수익금 ⑦	-648,557

투자자문단의 누적 수익률

허영만	-6.25%
하웅	+105.27%
이성호	-5.34%
VIP자문최준철	+22.28%
쿼터백투자자문	+1.65%

*상세투자 내역은 삼성증권 투자in클럽 가입고객에게만 제공됩니다.

허영만의 3천만원 보러가기

자문단의 보유 종목, 종목별 수익률 등 상세 거래 내역 확인하기

상세 거래 내역 확인을 위해서는 아래와 같이
❶ 삼성증권 계좌개설 - ❷ 네이버 ID 등록 - ❸ 투자in클럽 가입
투자in클럽 가입 고객만 이용이 가능합니다.

STEP 01

삼성증권 계좌개설하기

삼성증권 앱 mPOP을 설치하고 비대면 계좌개설 메뉴로
이동합니다.

STEP 02

네이버 ID 등록

투자in클럽을 네이버에서 이용하기 위해 네이버 ID를 mPOP에
등록합니다.

Check! 네이버 서비스 이용등록에는 공인인증서가 필요합니다!

STEP 03

투자in클럽 가입하기

이제 모든 것이 준비되었습니다.
투자in클럽 가입하기 버튼을 눌러주세요~!

고객센터 ▶ 투자in클럽 ▶ 가입 - 가입 신청하기

Check! mPOP에서도 가입신청이 가능합니다.

QR 코드 접속 시
mPOP 설치페이지
연결

264
3
천
만
원

자문단 상세 거래 내역

보유 종목 및 수익률

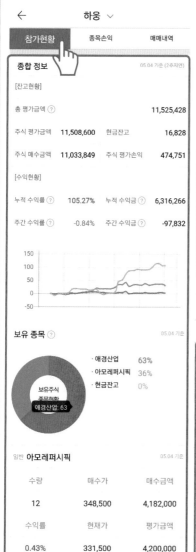

← 하웅 ∨

참가현황	종목손익	매매내역

종합 정보
05.04 기준 (2주지연)

[잔고현황]

총 평가금액 ⑦			11,525,428
주식 평가금액	11,508,600	현금잔고	16,828
주식 매수금액	11,033,849	주식 평가손익	474,751

[수익현황]

누적 수익률 ⑦	105.27%	누적 수익금 ⑦	6,316,266
주간 수익률 ⑦	-0.84%	주간 수익금 ⑦	-97,832

보유 종목 ⑦
05.04 기준

- 애경산업 63%
- 아모레퍼시픽 36%
- 현금잔고 0%

보유주식 종목현황
애경산업: 63

일반 **아모레퍼시픽**
05.04 기준

수량	매수가	매수금액
12	348,500	4,182,000
수익률	현재가	평가금액
0.43%	331,500	4,200,000

매매내역 및 종목별 실현손익

← 하웅 ∨

참가현황	종목손익	매매내역

당일	1주일	1개월	전체 ⑦

조회기간 : 2018.04.28 ~ 2018.05.04

구분	종목명	체결단가	실현손익 ⑦
	매매일자	체결수량	수익률 ⑦
매수	아모레퍼시픽	348,500	0
	05.02	12	0%
매수	애경산업	44,450	0
	05.02	6	0%
매도	테라젠이텍스	18,850	-457,832
	05.02	234	-9.43%

← 하웅 ∨

참가현황	종목손익	매매내역

05.04 기준

누적 손익금	총 매수금액	총 매도금액
6,316,266	356,970,230	352,661,400

종목명	수익률	손익금액 ⑦
일반 **삼천당제약**	-1.27%	-122,673 ›
일반 **SK하이닉스**	-2.59%	-360,764 ›
일반 **영진약품**	-3.12%	-124,418 ›
일반 **포스코켐텍**	+5.33%	555,157 ›
일반 **삼성SDI**	-1.77%	-93,076 ›

실제 주식투자 내역 확인하기

주식 차트 보는 법

———

남·북·미 정상회담 후
시장 전망 리포트 (삼성증권)

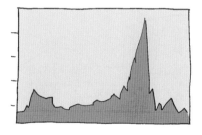

주식 차트 보는 법

※ 용어 설명은 《주식용어사전》(손용배, 인터미디어, 2011)을 참고하였습니다.

성공 투자를 하기 위해서는 차트를 읽을 줄 알아야 한다.

자문단 중 차트를 보지 않는다는 하웅 씨는 아주 특이한 경우다. 차트를 분석할 때는 최소한 시가총액(주가×상장주식수)이 큰 우량종목을 대상으로 해야 한다. 소·중형주는 작전세력에 의해 얼마든지 왜곡될 수 있기 때문이다. 차트 읽기는 성공 투자의 지름길이다.

캔들차트(Candlesticks chart)

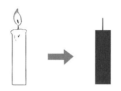

캔들(Candle)은 양초다. 차트에서 보면 봉(棒)이 양초처럼 생겼다고 해서 '캔들차트'라고 하는데 '봉차트'라고도 한다.

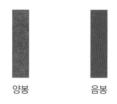

양봉   음봉

봉차트는 시가, 고가, 저가, 종가 등 네 가지 주가로 구성되며 봉의 크기와 색깔로 나타낸다. 종가가 시가보다 높은 경우는 붉은색(양봉), 종가가 시가보다 낮은 경우는 파란색(음봉)으로 표시된다. 봉으로 수요와 공급의 크기가 명확하고 일정한 패턴으로 나타나기 때문에 상승 또는 하락 예측을 정확하게 분석할 수 있다.

하루 동안의 주가 흐름을 나타내는 일봉,
일주일 동안의 주가 흐름을 나타내는 주봉,
1개월 동안의 주가 흐름을 나타내는 월봉이 있다.

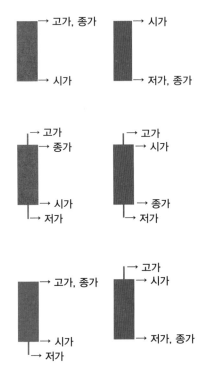

시가 : 그날의 시장에서 처음
　　　으로 거래된 주가

고가 : 그날의 시장에서 가장
　　　높게 거래된 주가

저가 : 그날의 시장에서 가장
　　　낮게 거래된 주가

종가 : 그날의 시장에서 마지
　　　막으로 거래된 주가

1. 상승전환 패턴

상승장악형

하락 추세 마지막에 나타나며 강력한
상승 반전을 의미한다. 양봉의 길이가
길수록 의미는 더욱 강하다.

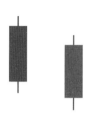

관통형

하락 추세의 침체권에서 나타나며 저가의 신규 매수세력이 형성되고 있음을 의미한다.

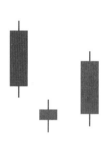

샛별형

하락 추세의 바닥권에서 상승 추세로 전환하고 있음을 의미한다.

상승잉태형

하락 추세 마지막에 나타나는데 상승 반전을 의미한다. 매도세에 반발하는 매수세가 유입되는 형태로, 당일 봉의 몸통과 꼬리가 작을수록 반전 가능성이 높다.

적삼병

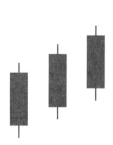

중장기 하락 추세에 나타나는 강세 예고 패턴이다. 종가가 연속적으로 상승하는 3개의 양봉으로 나타난다.
단 고가권에서 형성된 적삼병은 단지 고점의 가능성이 높으므로 주의해야 한다.

2. 하락전환 패턴

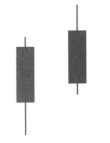

하락장악형

상승 추세 마지막에 나타나는 강력한
하락 반전 패턴.
음봉의 길이가 길수록 하락 반전의 의
미는 더욱 강하다.

흑운형

상승 추세의 과열권에서 나타난다.
고가의 신규 매도세력이 형성되고 있
음을 의미한다.

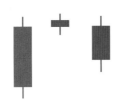

석별형

강력한 하락 전환을 의미한다.
양봉의 50% 이하로 당일 음봉의 종가
가 하락했을 때 그 의미는 더욱 강해
진다.

하락잉태형

하락 추세 마지막에 나타나며 상승 반
전을 의미한다.
매도세에 반발하는 매수세가 유입되는
형태로 당일 봉의 몸통과 꼬리가 작을
수록 반전 가능성이 높다.

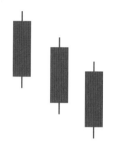

중장기 상승 추세 후에 나타나는 약세 예고 패턴. 종가가 연속적으로 하락하는 3개의 음봉이 나타난다.
흑삼병은 단기 저점의 가능성이 높으므로 주의해야 한다.

3. 지속형 패턴

상승지속형

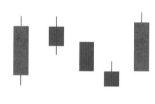

상승 추세에서 첫 번째 긴 양봉이 나타난 뒤 3개의 작은 음봉이 나타난다. 마지막 양봉은 처음의 양봉을 상향 돌파하는 형태로 나타난다.
상승 추세가 지속될 가능성이 높다. 마지막 양봉의 종가 수준을 기준으로 매매 시점을 판단할 수 있다.

하락지속형

하락 추세에서 첫 번째 긴 음봉이 나타난 뒤 3개의 작은 양봉이 나타난다. 마지막 음봉은 처음의 음봉을 하향 돌파하는 형태로 나타난다.
하락 추세가 지속될 가능성이 높고 마지막 음봉의 종가 수준을 기준으로 매매 시점을 판단할 수 있다.

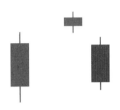

상승타 스키형

처음 양봉에서 발생한 차이를 마지막 음봉이 메우지 못하면 상승 추세가 지속될 가능성이 높다.
마지막 음봉의 종가 수준을 기준으로 매매 시점을 판단한다.

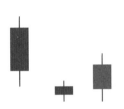

하락타 스키형

처음 음봉에서 발생한 차이를 마지막 양봉이 메우지 못하면 하락 추세가 지속될 가능성이 높다.
마지막 양봉의 종가 수준을 기준으로 매매 시점을 판단한다.

4. 봉패턴

잠자리형 도지

아래 꼬리가 긴 모양으로 시가, 종가, 고가가 같다. 하락 추세의 침체권에서 나타난다. 향후 상승 반전 가능성이 있다. 반대로 고가권에서 나타날 때는 하락 반전 가능성이 있다.

비석형 도지

위 꼬리가 긴 모양으로 시가, 종가, 저가가 같다. 상승 추세의 과열권에서 나타나며 향후 하락 반전할 가능성이 있다.

망치형

하락 추세의 침체권에서 나타나면 단기 침체권에 있다는 것을 의미한다. 단일 패턴으로는 추세 전환의 신뢰성이 적기 때문에 다음 거래일에서 차이 상승과 양봉 등을 확인해야 한다.

유성형

상승 추세의 과열권에서 나타나면 단기 천정권에 있다는 것을 의미한다. 단일 패턴으로는 추세 전환의 신뢰성이 적기 때문에 다음 거래일에서 차이 하락과 음봉 등을 확인해야 한다.

남·북 경협과 시장 전망

'18.4.26 삼성증권에서 발행한 〈급변하는 한반도 정세와 전망〉 리포트 내용을 요약/정리한 자료이며, 자세한 내용은 원문을 참고 바랍니다. (리서치센터 유승민 수석연구위원)

본 자료에 수록된 내용은 신뢰할 만한 자료 및 정보로부터 얻어진 것이나, 그 정확성과 안전성을 보장할 수 없습니다.

남·북, 미·북 정상회담의 배경

▶ **사회주의 강국 건설 완성** : 지난 2011년 갑작스런 김정일의 사망 이후, 아들 김정은은 불안한 상태로 정권을 넘겨받았다. 그는 이후 3년간의 국상을 치르고 정적을 숙청한 뒤, 2016년에 7차 조선노동당대회를 열었다. '사회주의 강국 건설'을 넘어서 이를 '완성'한다는 원대한 국가전략비전을 제시하고, 경제와 핵의 병진노선을 본격 추진하기 시작했다.

▶ **북한 국가 핵 무력의 완성(?)** : 일국의 핵 무력 완성은 핵폭탄 제조능력과 더불어 이를 수송할 수 있는 미사일 기술이 전제되어야 한다. 북한은 6차례의 핵실험을 통해서 실질적인 핵무기 보유국이 되었다. 하지만, 미국 본토를 타격할 수 있는 IRBM과 ICBM의 완성은 이뤄내지 못했다. 그럼에도 저들은 국가 핵 무력의 완성을 선언했다. 핵을 레버리지로 미국 등 전 세계와 대화하겠다는 우회적 의사 표명이다.

▶ **북한이 대화로 전환한 이유** : 미국이 주도하는 최대 압박과 관여 정책은 유례가 없었던 수준이다. 민생과 관련 깊은 영역까지 제재 대상이 확대됐으며, 소극적이던 중국까지 동참했기 때문이다. 일각에서는 이러한 강도의 제재가 지속된다면, 수년 내 북한에서 외환위기가 발발할 가능성을 지적하기도 했다. 하지만 이것이 북한이 대화로 전환한 이유의 전부는 아니다.

▶ **김정은, 2022 프로젝트 본격화** : 김정은은 2022년 개최가 예상되는 제8차 당대회까지 경제·핵 병진노선의 성과를 과시하고자 한다. 주요국 정치 일정을 잘만 활용하면 자신들에게도 이득이라고 보기 때문이다. 미국은 2018년에 중간선거가 있고, 2020년에 대통령 선거를 앞두고 있다. 중국의 시진핑 주석 역시 집권 후반기 한반도의 안정이 필요하다. 그래야 2022년 20차 공산당 대회에서 집권 연장이 가능하다.

▶ **북한과 미국의 입장 차이** : 북한은 출구론적 해법, 병렬적 해법, 단계적 접근(Gradual approach) 등을 주장하고 있다. 반면 미국은 입구론적 해법, 일괄 타결, 빅 딜(Big deal) 등을 고집하고 있다. 특히 '완전하고 검증 가능하며 되돌릴 수 없는 핵 폐기(CVID; Complete, Verifiable and Irreversible Dismantlement)'를 분명하게 천명하고 있다. 표면적으로는 접점이 없어 보인다.

▶ **실리와 명분** : 그럼에도 남·북과 미·북 정상이 만날 이유는 충분하다. 북한과 미국 모두 명분이 있고, 실리 또한 확보할 수 있다. 때문에 현실적 문제로 북한의 비핵화 실현에 시간이 필요한 측면을 미국도 인정한다. 따라서 정상회담에서는 북한의 비핵화 약속과 조속한 단계별 비핵화 등의 합의 정도가 있다면 성공적이다. 여기에 불가역적인 조건 등을 추가하게 된다면 금상첨화이다.

▶ **성과 예상** : 종전 선언 후 핵프로그램 폐기와 IAEA의 사찰이 단계적으로 진행되어 평화협정 체결로 이어진 후 북미수교 단계로 가는 시나리오는 충분히 가능성이 있어 보인다. 미 국무장관 폼페이오의 미국 민간자본 투입 가능성 언급과 블룸버그통신(가디언) 등의 예측기사는 이런 가능성을 뒷받침해주고 있다.

문재인 정부 '한반도 신경제지도' 요약

▶ **문재인 정부의 대북정책** : 문재인 정부의 대북정책 5대 기조는 '한반도 평화 구축, 북한 체제 안정을 보장하는 비핵화, 항구적 평화체제 구축, 한반도 신경제지도 구상, 비정치적 교류사업 추진' 등이다. 이 중에서 '한반도 신경제지도' 구상은 과거와 다른 통일 지향점인 '경제통일'과 연결하여 중요한 주제이다.

▶ **경제통일과 한반도 신경제지도** : '경제통일' 구상은 남북관계 개선과 경협 활성화를 통해 한국경제의 새로운 동력을 창출하고, 우리의 경제 영토를 동북아와 유라시아로 확장하는 그랜드 플랜이다. 특히 '신경제지도'는 한반도의 신성장동력을 확보하고 북방경제와 연계를 추진하고자 하는 프로젝트이다. 3대 벨트는 '①서해안 산업·물류·교통 벨트, ②동해권 에너지·자원 벨트, ③DMZ 환경·광벨트' 등이다.

▶ **서해안 산업 · 물류 · 교통 벨트** : 수도권, 개성공단, 평양·남포, 신의주를 연결하는 서해안 경협벨트를 건설하는 프로젝트이다. 여러 가지 장점이 많아서 최우선으로 추진이 예상된다. 예를 들어 남북한의 수도

권을 포함하고 있어 발전 잠재력이 매우 높으며, 장기적으로는 중국의 동북 3성 중 경제활동이 가장 활발한 랴오닝성과 연결하는 교통 · 물류 인프라 건설을 추진한다.

▶ **동해권 에너지 · 자원 벨트** : 금강산, 원산·단천, 청진·나선을 남북이 공동개발 후 우리 동해안과 러시아를 연결하는 계획이다. 동해권 주요 관광지구 개발, 극동 러시아 지방 천연가스 공급 가스관 건설 사업, 그리고 북한에 풍부하게 매장된 천연자원의 개발 등이 포함돼 있다. 기타 벨트에 비해 한국 정부와 주변국들의 투자 동참이 필요할 전망이다.

▶ **DMZ 환경 · 관광벨트** : 설악산, 금강산, 원산, 백두산을 잇는 관광벨트 구축 및 DMZ 생태·평화안보 관광지구 개발을 목표로 한다. 단기간에 가시적 성과가 있는 경제적 개발보다 평화와 환경에 초점을 맞추고 있다. 생태 환경 보호사업과 평화·생태 관광 거점 육성 등이 거론되는데, 정치적 상징성이 커 다른 벨트보다 의외로 빨리 추진될 가능성도 있다.

▶ **재원조달** : 프로젝트에 따라 재원 조달 경로는 달라질 것이다. 예를 들어 공공성 프로젝트는 한국 정부, 국제기구 등의 협력이 필요하다. 그러나 이를 위해서는 북한의 비핵화가 선행되어야 할 것이다. 한편 민간 참여 프로젝트는 수익성에 따라 정부, 민간의 재원 분담 조달이 가능하다. 재원 이슈 때문에 프로젝트별로 '중요도'와 '우선순위'가 높을수록 사업실현 가능시기는 '후기'로 밀릴 가능성이 있다.

한반도 신경제지도 구상 및 경제통일 구현

개념

▶ 남북관계 개선과 경협 활성화를 통해 한국경제의 새로운 동력을 창출하고, 우리의 경제영토를 동북아와 유라시아로 확장하는 그랜드 플랜

▶ 한반도와 동북아의 평화 정착과 공동 번영을 이루는 경제통일 과정

배경 및 의의

▶ 한국 경제의 신성장 동력 확보 시급

▶ 북방경제권으로 경제영토 확장

▶ 북핵 문제 해결과 북한 변화 유도 위한 실질적 접근 필요

▶ 새로운 차원의 남북 경협 모색

비전 및 목표와 원칙

▶ 비전 : 한반도 경제통일과 북방경제시대 개막

▶ 3대 목표 :

① 한국 경제의 신성장 동력 확충과 일자리 창출, ② **북한 변화와 남북한 경제통합 추진**, ③ 남북한 평화공동체 기반 조성

▶ 4대 원칙 :

① 정경 및 민관 분리, ② 포괄적 호혜주의, ③ 국제규범 준수, ④ 국민적 합의 기반

한반도 신경제지도 – 3대 평화 벨트 구축

(1) 서해안 산업·물류·교통 벨트

(2) 동해권 에너지·자원 벨트

(3) DMZ 환경·관광벨트

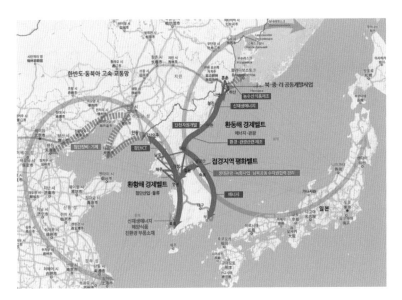

참고 : 2017년 6월 국정기획자문위원회의 안으로 일부 명칭에 차이가 있을 수 있으며, 향후 추진 과정에서도 변경 예상(자료: 국정기획자문위원회)

한반도 신경제지도 – 요약

주요 내용

▶ 3대 벨트 구축을 통해 한반도 신성장동력 확보 및 북방경제 연계 추진

3대 벨트	부문	예상 프로젝트
서해안 산업·물류· 교통 벨트		내용 : 수도권, 개성공단, 평양·남포, 신의주를 연결하는 서해안 경협 벨트 건설
	산업	• 개성공단 확대 개발 • 평양, 남포, 신의주 경제특구·산업단지 개발
	교통· 물류	• 경의선 철도·도로 연결 및 현대화 • 남·북·중 육상운송로 연결 • 남포항, 해주항 현대화
	전력	• 화력발전소 신규 건설 및 송배전망 현대화
동해권 에너지·자원 벨트		내용 : 금강산, 원산·단천, 청진·나선을 남북이 공동개발 후 우리 동해안과 러시아를 연결
	에너지	• 남·북·러 가스관 건설 • 수력발전소 현대화 및 화력발전소 신규 건설
	자원	• 단천 자원 특구 개발
	교통· 물류	• 경원선, 동해선 철도·도로 연결 및 현대화
	산업	• 원산, 금강산, 칠보산 등 동해안 관광지구 개발 • 원산, 함흥, 청진, 나진·선봉 등 주요 도시 경제특구·산업 단지 개발
DMZ 환경·관광 벨트		내용 : 설악산, 금강산, 원산, 백두산을 잇는 관광벨트 구축 및 DMZ 생태·평화안보 관광지구로 개발
	환경	• 고유하천 공동관리 • 접경 생물권 보전지역 지정
	관광	• 세계 생태평화공원 및 문화 교류 센터

282

3
천
만
원

한반도 신경제지도 – 서해안(산업·물류·교통) 벨트

주요 내용

▶ 수도권, 개성공단, 평양·남포, 신의주를 연결하는 서해안 경협벨트 건설

특징

▶ **장점 많아서 최우선 추진 예상**

▶ 남북한의 수도권 포함하고 있어 발전 잠재력이 매우 높음

▶ 중국 동북 3성 중 경제활동이 가장 활발한 랴오닝성과 연결

주요 프로젝트

▶ 제조업 중심 경제특구 산업단지 개발
개성공단의 확대개발이 출발점 될 전망
기타 평양, 남포, 신의주 등에서 새 경제 특구 건설

▶ 주요 산업지구, 남북한 수도권, 중국 랴오닝성 연결 교통·물류 인프라 건설
경의선 철도, 도로의 공동 이용 및 개보수 (2007년 2차 남북 정상회담에서 합의)
전력 개발 및 송배전망 현대화

(자료 : 국토지리원, 통일부)

한반도 신경제지도 – 동해안(에너지·자원) 벨트

주요 내용

▶ 금강산, 원산·단천, 청진·나선을 남북이 공동개발 후 우리 동해안과 러시아를 연결

특징

▶ 서해안 벨트에 비해 상대적으로 산업 발전 및 경협 여건 불리

주요 프로젝트

▶ 동해권 주요 관광지구 개발 : 금강산, 원산, 칠보산 등

▶ 에너지 자원분야 사업

　장기적 프로젝트이나 대규모 사업(다만 에너지 가격 변동성 걸림돌)

　극동 러시아 지방 천연가스 공급 가스관 건설 사업

▶ 천연자원 매장 지역 개발

　단천지역 특구 지정 (마그네사이트, 아연, 납 등 매장)

▶ 교통 · 물류 인프라

　경원선, 동해선 철도·도로 연결 및 현대화

　나진, 선봉 거점으로 중국, 러시아와 연계 수송망 확충

　주요 항만 현대화 : 원산, 함흥, 청진

　주요 산업지구 등 공급 전력 개발

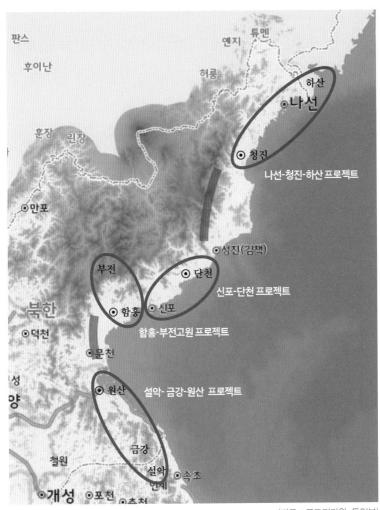

판스

후이난

옌지   투멘

허룽

하산

◉ 나선

훈장   린장

◉ 청진

나선-청진-하산 프로젝트

◉ 만포

◉ 성진(김책)

부전   ◉ 단천

북한   신포-단천 프로젝트

◉ 함흥   ◉ 신포

◉ 덕천   함흥-부전고원 프로젝트

◉ 문천

◉ 원산   설악- 금강-원산 프로젝트
성
양

금강

철원   설악   ◉ 속초
인제

◉ 개성   ◉ 포천
◉ 춘천

(자료 : 국토지리원, 통일부)

한반도 신경제지도 – DMZ 환경·관광 벨트

주요 내용

▶ 설악산, 금강산, 원산, 백두산을 잇는 관광벨트 구축 및 DMZ 생태·
평화안보 관광지구로 개발

특징

▶ 경제적 개발보다 평화와 환경에 초점

주요 프로젝트

▶ 생태 환경 보호사업 : 공유하천 공동 관리, 생물권 보전지역 지정
▶ 평화·생태 관광 거점 육성 : 세계생태평화공원 개장, 문화 교류센터 건립

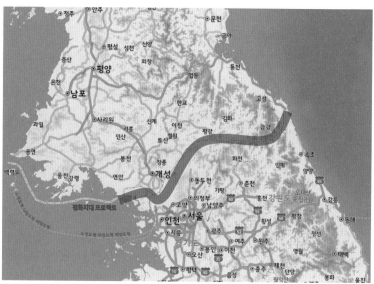

(자료 : 국토지리원, 통일부)

한반도 신경제지도 – 프로젝트의 재원조달 주체

재원조달 주체 및 형태

▶ 한국 정부, 한국 미간, 북한 자체 등에서 조달 가능

구분	조달 형태
한국 정부	남북 협력 기금*, 국채 발행, 예산 확충 및 전용, 각 부처 개발기금 활용, 세금 (목적세≒통일세)
한국 민간	각종 기금, 민자유치, 이해관계자 출연, 컨소시엄 형태 투자 (PF), BTO 및 BTL**, 재산권에 대한 권리 매각
북한 자체	해외 차관(남한 또는 주변국의 지급보증 필요), 토지 및 노동력 제공

* 2018년 3월 말 현재 3,134억원
  (경제교류협력보험 100억원, 경협기반/무상 2,480억원, 경협기반/융자 200억원, 형제교류협력대출/
  융자 250억원, DMZ 생태평화 안보관광지구개발 104억원, 자료 : 통일부, 주요 언론)
** BTO : Build-Transfer-Operate, BTL: Build-Transfer-Lease

한반도 신경제지도 – 프로젝트 성격별 재원조달 경로

프로젝트에 따라 재원조달 경로는 달라질 것

▶ 공공성 프로젝트는 한국 정부, 국제기구 등의 협력 필요

▶ 민간참여 프로젝트는 수익성에 따라 정부, 민간의 재원 분담 조달 가능

프로젝트	내 용	재원 조달
인프라 건설	도로신설 및 개보수, 철도 신설과 개보수 및 복선화, 항만 개보수 및 현대화	정부재정, 국제금융기구, 일부 구간 민자 유치
	공항 정비	정부재정, 민자유치
	발전소 건설, 송전망 건설 및 개보수	민자유치, PPP
	통신망 구축	민자유치
산업단지 건설	개성공단 2차 개발, 기타 특국 개발	정부재정, 민자유치
관광개발	북한 내 관광지 개발	민자 유치

3
천
만
원

한반도 신경제지도 – 주요 프로젝트별 종합 평가

'중요도'와 '우선순위' 높을수록 사업실현 가능시기는 '후기'로 밀림

▶ 남북 및 관계국의 신뢰 확보가 우선되어야 함

신경제지도	프로젝트	참여주체 간 신뢰필요 수준	한국 정부 재정부담 수준	참여자	사업 실현 가능 시기
서해안 벨트	신의주–단둥	중	중	다자	중기
	평양–남포	중	중	남북	초기
	개성–해주	중	중	남북	초기
	한반도 서부축 인프라 회랑	상	상	다자 (국제기구 포함)	후기
동해권 벨트	설악–금강–원산	상	상	남북	초기 (시범적)
	함흥–부전고원	중	하	남북	초기
	신포–단천	중	중	남북	초기
	나선–청진–하산	상	중	다자	중기
	한반도 동부축 인프라 회랑	상	상	다자 (국제기구 포함)	후기
DMZ 벨트	평화지대	상	상	양자	후기

자료 : 국토연구원 '한반도·동북아 공동발전을 위한 북한 국토개발 핵심 프로젝트 실천방안 연구 (2015년)'에서 발췌하고 삼성증권이 의견 반영하여 조정

지정학적 위험 완화와 금융시장

▶ **국가신용등급 상향 가능성** : 국제 신용평가사들은 지정학적 위험을 중요한 국가 신용평가 기준으로 제시하고 있다. 실제 2017년 하반기에는 북핵 위기로 3대 신평사 모두가 한국 신용등급의 잠재적인 하락 가능성을 지적하기도 했다. 하지만 반대로 향후 한반도에서 '구조적'인 지정학적 리스크의 하락이 나타난다면, 한국의 국가신용등급 상향 가능성도 제시한 바 있다.

▶ **MSCI 선진지수 편입** : 지정학적 위험 완화와 MSCI 선진시장 편입의 연관성은 낮다. MSCI Barra는 선진시장지수 편입 기준으로 시장 접근성, 시장 규모, 경제 발전 정도 및 지정학적 환경 등을 제시하고 있다. 그러나 한국의 선진시장 격상 여부와 관련하여 지정학적 위험을 거론한 것은 지난 2008년이 마지막이며, 이후는 이 조건을 크게 강조하지 않고 있다.

▶ **코리아 디스카운트 축소** : 선행 연구에 의할 때 코리아 디스카운트(Korea discount)는 '신흥국 할인 + 한국 고유 할인' 요인으로 구성된다. 신흥국의 할인은 '얇은 시장의 깊이, 낙후된 회계 관행, 부적절한 시장 개입, 부패' 등이 이유이다. 한국 고유 할인은 '안보 위험, 정치적 불안' 등이 원인이다. 실제 북핵 위기가 심화된 2017년 이후 한국의 신흥국 대비 할인이 더 커졌다. 한반도에서 평화체제가 정착될 경우 이는 크게 축소될 것이다.

▶ **남북 경협, 위험 하락/기회 증가** : 북한은 김정은 집권 이후 시장화가 급속히 진전되고 있다. 한편 남한은 인구노령화에 따른 저성장 구조가 고착

되며 고용문제 해결을 위한 신성장 동력 발굴의 필요성이 증대된 상황이다. 이러한 북한의 환경 변화와 남한의 필요성 증대로 과거에 비해서 남북 경협의 위험은 줄었고, 기회요인은 늘었다.

▶ **남북 경협을 위한 당장의 조건** : UN 제재가 해제되어야 북한과의 정상적 거래와 투자가 가능할 것이다. 즉 당사국과 북한의 핵 협상 개시 이후 비핵화 프로세스에 대한 합의와 이를 토대로 한 제재 해제가 필요하다. 때문에 제재 해제 이후를 대비하여 사전 준비가 필요하다. 하지만 최근 주식 시장에서 나타나고 있는 과도한 주가 반응은 향후 협상 진행 경과에 따라 선별할 필요가 있다.

▶ **남북 경협을 위한 미래의 조건** : 북한에 대한 본격적, 지속적 투자가 들어가기 위해서는 남북 연계 교통 인프라 및 북한 내부 인프라의 대대적 확충이 필요하다. 또한 남북 교역 및 투자에 장애가 되는 제도적 장벽도 제거되어야 한다. 이를 위해 국회 비준이 필요한 '남북경제협력협정'이 체결되어야 한다. 또한 남북 교역에 대한 무관세 적용, 운송·통행의 안전과 편의 보장, 금융거래 채널도 확보되어야 한다.

지정학적 리스크 '구조적 하락 시' 한국 국가신용등급 상향 예상

3대 국제 신용평가사는 지정학적 위험을 중요한 국가 신용평가 기준으로 제시

▶ 지난해 북핵 위기로 국제 신평사 3사 모두 한국의 잠재적인 신용등급 하락 가능성 지적

▶ 단기적인 이벤트보다 '구조적'인 지정학적 리스크 하락 여부를 더 주목

	S&P Global (2017. 8. 18)	Moody's (2017. 10. 18)	FitchRatings (2017. 10. 12)
신용등급 및 전망	AA (안정적) 유지	AA2 (안정적) 유지	AA- (안정적) 유지
북한 리스크	한반도 내 지정학적 긴장감 높으나 직접적인 군사 충돌 가능성 낮음 그럼에도 북의 도발은 계속해서 한국에 대한 평가를 약화시키는 요인	북한 관련 불확실성 고조되고 있으며 군사 충돌 시 한국 신용등급에 큰 영향 현재까지는 경제/금융시장 영향 미미	최근 한반도 지정학적 긴장 고조 직접 충돌 없어도 기업/소비심리 저해 그러나 북한 리스크는 예전과 유사한 패턴을 보이며, 새로운 것은 아님 미사일 시험 발사 및 공격적 언행과 실제 전쟁 가능성은 별개
경제 여건	재정/대외건전성 및 성장세 견조 통화정책과 재정정책 협조체계 긍정적 다만 높은 가계부채는 통화정책의 유연성을 제약할 가능성	민간소비/설비투자/수출 등 견조 신정부 경제정책 추진 긍정적 가계소득 증가와 일자리 창출 기업지배구조 개선, 재벌개혁 등 주목	수출 호조 등으로 견조한 성장세 새 정부 출범으로 정치 불안 해소 새 정부 경제정책은 일자리 창출과 소득주도 성장에 초점, 내수 진작에 기여 양호한 대외건전성은 큰 장점

주요국 국가신용등급 비교
(투자등급 기준, 2018년 4월 현재)

구분	등급	Moody's	S&P	Fitch
투자등급	AAA(Aaa)	미국, 독일, 캐나다, 호주, 싱가포르	독일, 캐나다, 호주(-), 싱가포르, 홍콩(-)	미국, 독일, 캐나다, 호주, 싱가포르
	AA+(Aa1)	영국(-)	미국	홍콩
	AA(Aa2)	한국, 프랑스, 홍콩	한국, 영국(-), 벨기에, 프랑스	영국(-), 프랑스
	AA-(Aa3)	대만, 칠레, 벨기에	중국(-), 대만	한국, 대만, 벨기에
	A+(A1)	중국, 일본, 사우디	일본, 아일랜드, 칠레	중국, 칠레, 사우디
	A(A2)			일본(-), 아일랜드
	A-(A3)	말레이시아, 멕시코(-), 아일랜드(+)	말레이시아, 사우디	말레이시아
	BBB+(Baa1)	태국	멕시코(-), 태국, 스페인(+)	태국, 스페인(+), 멕시코(-)
	BBB(Baa2)	필리핀, 이탈리아(-), 스페인(+)	필리핀	이탈리아
	BBB-(Baa3)	인도(+), 인도네시아(+)	인도, 이탈리아, 인도네시아	인도, 인도네시아(+), 필리핀(+), 러시아

자료 : 기획재정부

지정학적 위험 완화와 MSCI 선진시장 편입 연관성 낮음

MSCI Barra의 선진시장지수 편입 기준

▶ 시장 접근성(Market accessibility)

　외국인 투자자에 대한 개방의 정도, 시장 및 기업의 성장성, 시스템의 효율성

▶ 시장 규모(Company and security minimum size and liquidity)

　기업 및 유가증권의 규모, 유동성, 기업의 수 등

▶ 경제 발전 정도 및 지정학적 환경(Sustainable characteristics of advanced economies and levels of geo-political risk)

　경제적 환경과 정치적 안정성을 현재의 선진시장 수준과 비교하여 평가

한국의 선진시장 격상 여부와 관련하여 지정학적 위험을 거론한 것은 2008년이 마지막

▶ 2008년에도 실제 선진시장 편입 여부에 대한 예비평가보고서는 당초 언급과 달리 지정학적 위험에 대한 논의 전혀 없었음

▶ 이후 한국이 MSCI 선진지수에 진입하지 못한 이유로는 경제발전 정도, 시장 규모, 시장 접근성 등만을 지속적으로 언급

주식시장의 코리아 디스카운트 완화에 기여할 것

선행 연구에 의할 때 코리아 디스카운트는 '신흥국 할인 + 한국 고유 할인' 요인으로 구성

▶ 신흥국 할인은 '얇은 시장의 깊이, 낙후된 회계 관행, 부적절한 시장 개입, 부패' 등이 이유

▶ 한국 고유 할인은 안보 위협, 정치적 불안 등이 원인 – 코리아 디스카운트(Korea Discount)는 신흥국 대비로 판단이 적절

북핵 위기가 심화된 2017년 이후 한국의 신흥국 대비 할인 더 커짐 (P/E 기준 과거 대비 약 10%pt 더 확대)

한반도 평화체제 정착될 경우 한국 시장 할인 점진적으로 축소 예상

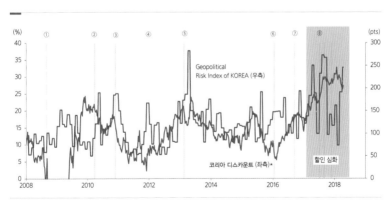

참고 : *코리아디스카운트는 MSCI EM 대비 MSCI Korea의 P/E 할인율. 주요 이벤트는 ① 북한 핵 불능화 선언 (2008년 8월), ② 천안함 피격 (2010년 3월), ③ 연평도 포격 (2010년 10월), ④ 김정일 사망 (2011년 11월),
⑤ 3차 핵실험 (2013년 2월), ⑥ 4차 핵실험 (2016년 1월), ⑦ 5차 핵실험 (2016년 9월) ⑧ 화성-14형 발사, 화성-12형 정상각 발사, 6차 핵실험, 화성-15형 발사 (2018년)
자료 : FRB (Caldara and Iacoviello), Thomson Reuters, 삼성증권

남북 경협 – '투자 위험' 하락, '기회 요인' 증가

북한의 환경 변화, 남한의 필요성 증대

▶ 북한 – 김정은 정권 이후 북한의 시장화 급속히 진전, 핵 개발 과정에서 경제난 심화 등 변화

▶ 남한 – 인구노령화에 따른 저성장 구조 고착, 고용문제 해결을 위한 신성장 동력 발굴의 필요성 증대

구분	북한	남한
북한의 시장화 진전	시장 경제 질서에 대한 북한 정부, 기업, 주민의 이해 수준 제고됨	과거는 북측의 시장경제 질서 이해 부족이 중요한 사업 불확실성 → 완화 중
북한의 심각한 경제난, 취약한 내수 기반	시장화로 민간부문 자산 축적 중, 내수기반 과거 대비 강화	북한 내수를 대상으로 한 경협사업 가능성 높아짐
북한 경제의 분권화 강화	지방 행정단위, 개별 기업별 의사결정 권한 및 책임 확대 → 지방 예산제 강화, 지방 상업은행 설립, 지방급 경제개발구 설립	경협 파트너(창구) 다변화 의 실현 가능성 높아짐
남한의 구조적 저성장	북한의 반복적 군사 도발, 핵 개발 등 남한에 대한 위협, 신뢰 관계 구축 어려운 태도	남북 경색 지속으로 교류 중단,경제 활로 모색, 위기 탈출 위한 대안으로 북한 주시

남북 경협 – 투자 재개의 현재 걸림돌

UN 제재가 해제되어야 정상적 거래와 투자 가능

▶ 당사국과 북한의 핵 협상 개시 이후 비핵화 프로세스에 대한 합의와 이를 토대로 제재 해제 필요

당장은 UN 제재 등으로 경협이 어려우나, 제재 해제 이후를 대비하여 사전 준비 필요

▶ 때문에 최근 주식시장에서 나타나고 있는 과도한 주가 반응은 향후 협상 진행 경과에 따라 선별할 필요

구분	제재	시행	내용
UN 회원국과 북한 간 금융 거래를 금지*	안보리 결의 2270호 제 32, 33, 35항 안보리 결의 2321호 제 31, 33항	2016년 3월	금융 채널 봉쇄로 각종 거래의 실무적 어려움 크며, 거래비용 과다하게 발생할 가능성
對 북한 무역에 대한 공적, 사적 금융지원 금지	안보리 결의 2321호 제 32항	2016년 11월	보험, 대출 등 남북 경협을 위한 정부 지원 불가능. 남북 경협의 정치적 리스크를 감안할 때, 정부 지원 없이 기업 차여 불가
북한산 광물, 기초금속 및 수산물 거래 전면 금지	안보리 결의 2371호 제 9~11항 (위 결의 2270호, 2321호 관련 조항 강화)	2017년 8월	상품성이 있는 주요 북한생산물 제외하고 남북교역 성사 어려움

참고 : *인도적 및 외교적 목적 제외

남북 경협 – 투자 확대와 미래 걸림돌

남북 연계 교통 인프라 및 북한 내부 인프라 대대적 확충 필요

▶ 초기에는 불가피하게 남한의 투자 필요함

▶ 북한의 핵 폐기 이후 국제 기구 등에서 차관 도입 가능

남북 교역 및 투자에 장애가 되는 제도적 장벽 제거

▶ '남북경제협력협정' 체결 필요 – 국회 비준

▶ 남북 교역에 대한 무관세 적용 (일부 품목은 예외)

▶ 운송, 통행의 안전과 편의 최대한 보장

▶ 남북간 직간접 금융거래 채널 확보

▶ 기업인 상호 방문, 체류, 통신 자유

▶ 대북 투자기업의 경영권, 재산권의 제도적 · 정치적 보증

남북 경협 관련주

참고 : 시가총액순으로 정렬. 자료 : 주요 언론

▶ 최근 주식시장에서 나타나고 있는 과도한 주가 반응은 향후 협상 진행 경과에 따라 선별할 필요

▶ 아래 관련주는 언론 등에서 언급된 기업들이며 투자의견과는 무관

▶ 개성공단 관련 기업

개성공단 관련기업	코드	시장	업종	시가총액
태광산업	A003240	KOSPI	소재	1,385
	구 개성공단 입주업체. 석유화학/섬유 생산업체			
쿠쿠홀딩스	A192400	KOSPI	경기관련소비재	619
	구 개성공단 입주업체. 전기밥솥 생산업체			
자화전자	A033240	KOSPI	IT	325
	구 개성공단 입주업체. 전자부품 제조업			
신원	A009270	KOSPI	경기관련소비재	225
	구 개성공단 입주업체. 의류잡화 OEM 생산업체			
남광토건	A001260	KOSPI	산업재	197
	건설업체. 개성공단 건설에 참여			
제이에스티나	A026040	KOSDAQ	경기관련소비재	182
	개성 협동화 공장법인에 100% 출자. 주얼리 및 잡화 생산업체			
인디에프	A014990	KOSPI	경기관련소비재	177
	구 개성공단 입주업체. 여성복, 신사복 등 생산 의류업체			
좋은사람들	A033340	KOSDAQ	경기관련소비재	176
	구 개성공단 입주업체. 언더웨어, SPA등 의류업체			
태평양물산	A007980	KOSPI	경기관련소비재	168
	구 개성공단 입주업체. 의류OEM, 식품 생산, 부동산 임대업			
보성파워텍	A006910	KOSDAQ	산업재	161
	구 개성공단 입주업체. 전력산업 기자재 생산			
재영솔루텍	A049630	KOSDAQ	IT	153
	구 개성공단 입주업체. 핸드폰 부품, 광학부품 등 생산업체			
인지컨트롤스	A023800	KOSPI	경기관련소비재	107
	구 개성공단 입주업체. 자동차 부품 제조 및 판매업			

▶ 대북 송전 관련 기업

대북송전 관련기업	코드	시장	업종	시가 총액	내용
한국전력	A015760	KOSPI	유틸리티	22,276	한전 포함 산자부 산하 8개 기관이 대북사업 진행
제룡전기	A033100	KOSDAQ	산업재	284	변압기 제조 및 판매업체
광명전기	A017040	KOSPI	산업재	165	수배전반, 태양광발전시스템 등 제조, 판매업체
제룡산업	A147830	KOSDAQ	산업재	161	통신선 지지용 지중케이블보호판 한전에 납품
이화전기	A024810	KOSDAQ	산업재	159	전원공급장치, 전력변환장치 생산업체
선도전기	A007610	KOSPI	산업재	138	산업용 플랜트에 사용되는 발전, 송변전, 배전설비장비 생산
세명전기	A017510	KOSDAQ	산업재	128	전철선로용, 송전, 배전, 변전선 가설용 금구류 제조, 한전 납품
서전기전	A189860	KOSDAQ	산업재	48	고/저압 수배전반 및 자동제어반 사업

▶ 비료 지원 관련 기업

비료지원 관련기업	코드	시장	업종	시가 총액	내용
남해화학	A025860	KOSPI	소재	810	복합비료, 화학제품 생산전문업체
이지바이오	A035810	KOSDAQ	필수소비재	425	곡물 경작, 사료, 사료첨가제, 가축 등 농축산 전문업체
카프로	A006380	KOSPI	소재	362	유안비료, 질황안비료 등 제조
KG케미칼	A001390	KOSPI	소재	330	친환경 미생물 사용, 선충 방제 비료 개발
농우바이오	A054050	KOSDAQ	건강관리	235	종자 육종, 육성 연구 제반사업
경농	A002100		소재	157	농약 제조, 판매사업
팜스토리	A027710	KOSDAQ	필수소비재	121	양돈 배합사료, 축산물 유통
효성오앤비	A097870	KOSDAQ	소재	88	유기질비료 생산, 판매업체
조비	A001550	KOSPI	소재	83	복합비료 등 생산하는 비료 전문업체

▶ 남북 철도 관련 기업

남북철도 관련기업	코드	시장	업종	시가 총액	내용
현대로템	A064350	KOSPI	산업재	1,547	철도 부문사업 전문업체
대아티아이	A045390	KOSDAQ	IT	218	철도 신호제어 시스템 및 지능형 교통시스템 전문업체
현대정보기술	A026180	KOSDAQ	IT	131	철도통합정보시스템 등 SOC시스템 솔루션 업체
리노스	A039980	KOSDAQ	경기관련 소비재	110	열차무선 통신분야 영위
중앙오션	A054180	KOSDAQ	산업재	108	철도차량용 전동기 OEM 업체를 100% 흡수합병
대호에이엘	A069460	KOSPI	소재	97	현대로템의 1차협력업체
우원개발	A046940	KOSDAQ	산업재	89	철도 공사, 지하철 공사 등 다수 이력 보유
특수건설	A026150	KOSDAQ	산업재	57	고속철도 및 고속도로 지하공간, 지하철 등 수출/시공 이력
푸른기술	A094940	KOSDAQ	IT	57	역무자동화 사업 영위, 중국 등 수출 이력 보유

▶ 가스관 관련 기업

가스관 관련기업	코드	시장	업종	시가 총액	내용
동양철관	A008970	KOSPI	소재	138	강관 생산업체
대원전선	A006340	KOSPI	산업재	125	전선/광케이블 전문업체. 러시아 천연 가스 프로젝트에 필요한 인증서 취득
대동스틸	A048470	KOSDAQ	소재	83	열연코일, 구도용 강판, 내후성강,열연 특수강, 강화용 강판 등 취급 철강업체
화성밸브	A039610	KOSDAQ	산업재	60	액화석 유용밸브 제조업체. 러시아, 미국 등 수출주
디케이락	A105740	KOSDAQ	산업재	58	밸브 관련 제품 생산, 공급, 수출
조광ILI	A044060	KOSDAQ	산업재	57	산업용 특수자동밸브 제조업체
하이스틸	A071090	KOSPI	소재	55	배관용, 구조용 강관 등 취급 튜브 제조 전문업체

▶ 금강산 관광 관련 기업

금강산관광 관련기업	코드	시장	업종	시가 총액	내용
현대건설	A000720	KOSPI	산업재	4,928	금강산 관광을 주도적으로 추진한 업체
현대엘리베이터	A017800	KOSPI	산업재	2,375	현대상선 지분 보유, 금강산 관련 사 업권을 가진 현대아산의 최대주주
현대상선	A011200	KOSPI	산업재	1,501	금강산 관광사업의 핵심기업. 금강 산 유람선 운항사업 진행 경력
에머슨퍼시픽	A025980	KOSDAQ	경기관련 소비재	647	금강산 관광지구에 리조트 보유. 레저시설 개발 및 건설, 운영업체

▶ DMZ 개발 관련 기업

DMZ 개발 관련기업	코드	시장	업종	시가 총액	내용
대명코퍼레이션	A007720	KOSDAQ	경기관련 소비재	365	강원도 고성에서 골프장, 리조트 운영. IT, 유통, 레저, 호텔, 스키장 등 영업
이월드	A084680	KOSPI	경기관련 소비재재	203	강원도 고성 호텔, 리조트 보유. 유원지 및 테마파크 운영업
퍼스텍	A010820	KOSPI	산업재	183	감시경계로봇을 한화테크원과 공동개발
유진로봇	A056080	KOSDAQ	경기관련 소비재	170	DMZ 인근 지뢰 탐지 및 제거 관련 기대. 군사로봇 포함 각종 로봇 전문업체
일성건설	A013360	KOSPI	산업재	95	통일교 내 북한과 연계하고 있는 평화자동차와 관련
모헨즈	A006920	KOSDAQ	산업재	92	자회사 덕원산업이 강원도 일대 레미콘사업 영위
자연과환경	A043910	KOSDAQ	산업재	77	하천 재정비, 친환경 방조제, 도로 절개지 복원 등 친환경부문사업

3 천만 원

비용 등 기타 논쟁

▶ **북미 협상 성사 이후 단기적 논쟁** : 지정학적 위기 관리 비용의 추가 부담이 이슈가 될 수 있다. 미·북 협상에서 미국은 한국의 입장을 반영하는 대신, 통상 측면에서 양보를 요구할 가능성이 높다. 주한미군 방위비 분담 요구도 더욱 강화가 예상된다. 또한 주한 미군 주둔 규모 축소 가능성과 한국의 추가 국방비 지출도 예상된다. 하지만 이는 지난 해 전쟁 우려 당시와 비교한다면 감내 가능한 비용이다.

▶ **북미 협상 성사 이후 중장기 영향** : 한반도의 평화 체제가 정착될 경우, 지정학적 불확실성이 크게 하락할 것이다. 이는 긍정적이다. 부수적으로 북한의 인력, 자원 활용에 따른 경제적 효익도 기대된다. 또한 북한 입장에서는 장기적 체제 안정을 위해 '결국'은 한국의 동의가 필요하다. 때문에 북한의 미래 위협인 한국의 북한 흡수통일 정책을 대체할 평화체제 구축을 요구할 가능성이 있다.

▶ **통일세 논란** : 과거부터 통일을 대비한 재원 마련 논란이 있었다. 3가지 방식이 논의되었다. 첫째, 부가가치세 인상이다. 경제에 미치는 부정적 영향이 직접세 대비 적으나, 역진적 구조로 서민층에 불리하다는 비판이 있다. 둘째, 소득세/법인세율 인상이다. 과거 통독 과정에서 택했던 방식이다. 셋째는 지난 1990년 12월 폐지된 방위세 부활 주장이다. 일부 기존 세액의 세목에 가산해 부과하는 방식이다.